西南学院大学博物館研究叢書

西南学院大学博物館
主要所蔵資料目録

内島美奈子・野藤 妙・山尾彩香 = 編

SEINAN GAKUIN UNIVERSITY MUSEUM

ご 挨 拶

　このたび，開館10周年の節目に主要な所蔵資料の目録を刊行する運びとなりました。2006年の開館より，前身のキリスト教資料展示室の資料を基礎に収集活動を続け，現在ではコレクション展を開催することができるほどに充実しました。収集の基本方針であるキリスト教文化に関する資料に加えて，キリスト教伝来を異国文化の受容としてとらえ，その背景と対外交流の歴史を示す資料の収集にも取り組んでいます。今年度は10周年という記念すべき年として，『出島蘭館図巻』という貴重な資料を購入することができました。これからの当館の展覧会活動の幅を広げるものとなったと感じております。

　今後も，学生には実践的な実物教育の拠点として，また地域の皆様には"社会に開かれた大学の窓口"として，その役割を果たすべく収集活動に努めてまいります。収集の成果を展覧会や関連イベントを通じて発信することにより，皆様に新しく面白い学びの場を提供していきたいと考えております。今後とも当館の活動に，ご理解とご協力のほどをよろしくお願い申し上げます。

2017年3月15日

西南学院大学博物館長　宮 崎 克 則

西南学院大学博物館所蔵資料の概要

西南学院大学博物館学芸員　内島美奈子

はじめに

　西南学院大学博物館は，設置主体である学校法人西南学院がキリスト教主義を建学の精神としていることから，キリスト教文化を広める活動をその基本方針としている。よって資料の収集の対象は，第一にキリスト教文化に関するものである。そのほかに，西南学院大学博物館規程においては，教育文化，地域文化，西南学院史等に関する資料も収集対象とすることを明示している。西南学院大学は教育機関であり，講義で使用される教材や教員が学術研究のために収集してきた資料などが，教育文化の資料として想定される。また，西南学院は福岡，とくに西新の地とともに発展してきたこと，元寇防塁の遺構がキャンパス内で発見されたことなどから，地域文化に関する資料の収集も役割のひとつとした。そして，館内には創立者C．K．ドージャーの記念室があり，学院史に関する資料の収集と展示の役割も担っている。このような方針のもと，開館から現在まで，不断なく収集活動を行ってきた。当館の所蔵資料の概要を記すにあたって，開館前の資料の蓄積の経緯からみておきたい。

博物館の前身における収集
西南学院創立から2006年まで

　2006年に大学博物館が開館する以前には，福岡市城南区干隈の神学部校舎にバプテスト資料室（1976年に設置）と聖書資料室（1979年に設置）があり，教材として聖書の複製などの資料の収集が行われていた。そして，早良区西新の大学キャンパスには，旧一号館に学院史資料展示室（1988年に開室），西南学院大学キリスト教資料展示室（1993年に開室）があり，収集と展示が行われていた。
　学院史資料展示室には，当館のドージャー記念室に展示されている，ドージャー家ゆかりの資料が展示されていた。現在の大学博物館の基礎となったといえる。キリスト教資料展示室には，聖書資料室で保管されていた資料の一部「キリシタン制札」，「陶製マリア観音像」，「トーラー」などが展示された。そのなかでも現在の当館の目玉資料となっている「陶製マリア観音像」と「キリシタン魔鏡」は，資料室や展示室の設置以前に，教会関係者から神学部に寄贈されている。開室後も，小林洋一氏（神学部名誉教授）をはじめとする神学部の教員を中心とした収集活動が続けられ，聖書の系譜からキリスト教の歴史をたどるという当館の常設展示の基礎となっている。展示は宗教部の管轄のもとに行われ，『展示品案内』（キリスト教資料展示室運営員会編）も刊行されている。2つの展示室は，1994年の旧一号館の取り壊しに伴い閉室となったが，キリスト教資料展示室は図書館の一角で展示が続けられた。この時期より博物館の構想が議論され始め，2006年に開館の運びとなった。

10年間の収集の成果

　2006年に大学博物館として開館した後も収集活動を続け，現在の所蔵資料の総数は約1,600点にのぼる。整理作業中のものを含めると2,000点ほどである。今回，10周年となる本年度を節目に収集した主要資料の目録を刊行するにあたって，これまでの収集活動を振り返り，資料の分類を新しく作成した。分類は，当館の規程に対応し，かつ現状の蓄積した資料群に則した6つの枠組みを大分類として設定し，小分類としては資料形態で4つに分けた（表1）。大分類のひとつである「日本キリスト教史」は，収集の第一の指針であるキリスト教文化に関する資料を収集していくなかで，日本に関するものが大きなひとつの資料群となったために独立した分類とした。そして，西南学院大学で教鞭を執られた山中耕作氏（文学部名誉教授）と関谷定夫氏（神学部名誉教授）による寄贈は，ひとつのコレクションとして分類を設けている。また，初代館長を務めた髙倉洋彰氏（国際文化学部名誉教授）による寄贈資

表1　西南学院大学博物館所蔵資料分類

分類（大）	分類（小）	点数	大分類別合計点数
日本キリスト教史	器物	35	958
	文書	893	
	地図・絵画	30	
	記録	0	
キリスト教文化	器物	46	146
	文字・絵画	86	
	考古遺物	14	
	記録	0	
関谷定夫コレクション	器物	144	262
	文字・絵画	20	
	考古遺物	※1 98	
	記録	整理中	
山中耕作コレクション	器物	27	225
	文字・絵画	63	
	考古遺物	0	
	記録	135	
地域文化（中分類：福岡，福岡以外）	器物	3	27
	文字・絵画	※2 24	
	考古遺物	0	
	記録	0	
西南学院史	器物	4	13
	文字・絵画	4	
	考古遺物	0	
	記録	5	
総計			1631

2017年2月28日時点。
※1：複製資料の一部は整理作業中。
※2：宮崎克則氏（国際文化学部教授）寄贈資料の一部は整理作業中。

料も多い。教員による寄贈は大学博物館の特色といえ，学術研究のために蒐集された各専門分野の資料を，退職を機に学生や地域の人々の学習に役立ててほしいという理由から寄贈する例が他大学博物館でも多くみられる。

このような収集の成果は，展覧会のほか，博物館ニュース，研究紀要や資料集などの刊行物において発信しており，2016年度は開館10周年を記念したコレクション展「信仰の歴史—キリスト教の受容とその伝播—」を開催した。キリスト教の母胎であるユダヤ教から，キリスト教の発展，日本への伝播，そしてアメリカの南部バプテスト派の宣教師たちにより設立される西南学院の誕生までを，ひとつの歴史として概観する内容である。これはキリスト教に関する資料を，会派や国内外を問わず幅広く収集してきた成果展であるともいえる。また，ここ数年では借用依頼を受けるようになり，地域博物館においても当館の資料が展示される機会が増えている。

分類別の資料の概要と研究成果

今回の目録では，当館の重要な3つの分類である「日本キリスト教史」・「キリスト教文化」・「関谷定夫コレクション」のなかから，主要なものを紹介する。この3つの分類は，常設展示室においてそれぞれコーナーを設けて展示しており，図版で紹介するものの一部も見ることができる。それぞれの分類の概要と，これまで発表された当館所蔵資料についての紹介や研究を以下のとおりまとめておく。

■日本キリスト教史
［概要］

日本のキリスト教の歴史に関するものが主な資料であり，1549年にキリスト教が日本に伝来し，受容・禁教・解禁という時代を経るなか，当館では禁教期に関する資料を中心に所蔵している。学術分野では，日本史とされるものであり，文書である紙資料が多いものの，器物には当館の目玉資料も含まれる。また，2012年に寄託され，2015年に一括購入した長崎県平戸についての資料群（松澤氏収集文書）には宗門改めに関するものが含まれ，資料整理，研究調査を行っている。

［資料紹介・研究］
・安高啓明「鎖国のなかの近世日本——西南学院大学博物館所蔵資料から」『西南学院大学博物館春季特別展　閉ざされた島開かれた海—鎖国のなかの日本—』2012年
・安高啓明，稲益あゆみ編「西南学院大学博物館所蔵『宗門御改影踏帳』（1）」『西南学院大学博物館研究紀要』創刊号，2013年
・安高啓明「キリシタン資料の真偽性」『西南学院大学博物館春季特別展　海路—海港都市の発展とキリスト教受容のかたち—』2014年
・森弘子，宮崎克則「西南学院大学博物館寄託『松澤善裕氏所蔵文書』に見る鯨組と地域漁業の軋轢—平戸藩生月島の『御崎大納屋』から大島（的山大島）への書状—」『西南学院大学博物館研究紀要』第2号，2014年
・森弘子，宮崎克則，安高啓明編「松澤善裕氏所蔵文書目録」『西南学院大学博物館研究紀要』第2号，

2014年
- 安高啓明，稲益あゆみ編「西南学院大学博物館所蔵『宗門御改影踏帳』(2)」『西南学院大学博物館研究紀要』第2号，2014年
- 野藤妙「出島に出入りした商人や職人たち——オランダ商館員の文物収集」『西南学院大学博物館秋季特別展　南蛮—NAMBAN—昇華した芸術』2015年
- 安高啓明，稲益あゆみ編「西南学院大学博物館所蔵『宗門御改影踏帳』(3)」『西南学院大学博物館研究紀要』第3号，2015年
- 安高啓明編『西南学院大学博物館資料叢書Ⅰ　耶蘇宗徒群居捜索書』2015年
- 野藤妙「長崎唐人屋敷騒動鎮圧図について」『西南学院大学博物館秋季特別展　異国と福岡—江戸時代における長崎警備と対外交流—』2016年
- 野藤妙「出島のオランダ商館員とキリスト教」『南島原市・西南学院大学博物館連携特別展　原城落城のとき—禁教・潜伏への道のり—』南島原市，2017年

■キリスト教文化
[概要]
　資料室・展示室の時代から収集されている聖書の複製のほか，教会や家庭の礼拝で使用された板絵，彫像等を収集している。板絵，いわゆるイコンは，東方正教とカトリックのものがあり，ロシア，ルーマニア，エチオピア，フィリピンなど世界各地のものを収集している。

[資料紹介・研究]
- 松原知生「アルベルト・ダ・カステッロ著『栄光なる聖母マリアのロザリオ』」『西南学院大学博物館秋季特別展　境界は出会いの場　非西欧圏のキリスト教文化』2008年
- 内島美奈子「フィリピンにおけるキリスト教伝来とキリスト教美術の展開」『西南学院大学博物館春季特別展　Nexus——絆・連携』2015年
- 内島美奈子「アジアにおけるキリスト教布教と受容—西南学院大学博物館所蔵資料から—」『南島原市・西南学院大学博物館連携特別展　東西交流の軌跡—有馬とヨーロッパの出会い—』南島原市，2015年

■関谷定夫コレクション
[概要]
　2014年12月に関谷定夫氏より一括寄贈を受けたものである。関谷氏は聖書考古学を専門とし，イスラエル（パレスチナ）地域より出土した古代のランプや遺物のほか，近現代のユダヤ教の祭具を収集している。そのなかでも，ユダヤ教の聖典であるトーラーを複数所蔵しており，幅70センチを超える大型のものもある。複製資料も含まれるものの，幅広い収集が行われており，ユダヤの歴史やユダヤ教の儀礼について，概要を示す展示が可能となっている。また，写真パネルやビデオなどの記録資料も多く，現在も整理作業中である。

[資料紹介・研究]
- 関谷定夫『シナゴーグ——ユダヤ人の心のルーツ』リトン，2006年
- 内島美奈子「ジュダイカの多様性とその背景——ケトゥバーを例に」『西南学院大学博物館秋季特別展　ジュダイカ・コレクションⅢ　祈りの継承—ユダヤの信仰と美術—』2014年

おわりに

　最後に，当館における資料整理の活動について述べたい。今回，目録の刊行が決まり，寄贈を受けた資料の整理を進めながら，資料の分類の見直しやデータの取り直しなどを行った。今後予定しているデジタル・アーカイブ作成のために，資料の写真撮影も行った。その作業には，大学院に籍をおく博物館スタッフのほか，博物館学芸員を目指す学部生からも協力を得た。整理作業が学生にとってのひとつの実践の場となっており，その一部の人件費については学内ＧＰ「大学博物館における高度専門学芸員養成事業」から支出され大学からの支援を受けている。また，当館の資料は，キリスト教文化という枠組みではあっても，学術分野でみれば，歴史，美術，考古，民俗と多岐にわたっており，スタッフそれぞれの専門分野の知識を活かしながら，協議を重ね，スムーズな博物館活動を行うのに適した資料管理の方法を模索した。今回の目録の作成は，現在の収集したコレクションの状況を改めて把握し，10周年を迎えた博物館がこれからどのような活動を行っていくべきかを見つめなおす契機ともなった。

　この目録の刊行を通じて，当館のコレクションを博物館関係者の皆様にも広く知っていただき，資料貸借の輪を広げる機会となれば幸いである。

【注】
（1）2005年に制定された西南学院大学博物館規程の第3条において，博物館の目的を次のように記している。
　　西南学院大学博物館（以下「博物館」という。）は，次に掲げる事項を目的とする。
　⑴キリスト教文化，教育文化，地域文化，西南学院史等

に関する博物館資料（以下「資料」という。）の収集，整理，保管，閲覧及び展示に関する事項
⑵前号の資料の調査研究に関する事項
⑶本学学生，教職員等の西南学院関係者並びに一般市民等の教養及び調査研究に資するために必要な事業の実施に関する事項
（「西南学院大学博物館規程」『西南学院大学博物館年報 第1号 2006-2008』西南学院大学博物館，2010年，40頁。）
（2）2016年10月に西南学院百年館が開館し，学院史資料センター展示室が設けられた。学院史資料の収集と展示の役割は同センターに移ったものの，大学博物館は学院のなかでももっとも古い建物であり，学院の歴史を象徴する場であること，そしてドージャー記念室も設けられていることから，一部の資料の保管・展示の役割は引き続き担うことになった。
（3）本展覧会では研究叢書を刊行し，展覧会の概要のほかに西南学院大学博物館のキリスト教文化コレクションの概要と活用の事例について詳しく記している。

目　次

ご挨拶 ……………………… 西南学院大学博物館長　宮崎克則　2

西南学院大学博物館所蔵資料の概要 ……………………… 3

＊　＊　＊

図　版 ……………………… 8
　　Ⅰ　キリスト教文化　8
　　Ⅱ　日本キリスト教史　16
　　Ⅲ　関谷定夫コレクション　26

主要所蔵資料目録 ……………………… 38
　　Ⅰ　キリスト教文化（C）　38
　　Ⅱ　日本キリスト教史（N）　41
　　Ⅲ　関谷定夫コレクション（S）　49

図版／主要所蔵資料目録

　「図版」,「主要所蔵資料目録」ともに,当館の主要所蔵資料である「Ⅰ　キリスト教文化」,「Ⅱ　日本キリスト教史」,「Ⅲ　関谷定夫コレクション」の3分類を掲載する。

　「図版」では,所蔵資料のなかでも頻繁に展示に活用される選りすぐりの117点をカラー写真で紹介する。図版番号は,主要所蔵資料目録の順番とは必ずしも一致しない。[　]に主要所蔵資料目録の資料番号を記す。

　「主要所蔵資料目録」では,資料の英語名のほか,資料の基本情報である作者,時代,形状（材質・装幀・技法）,法量,制作地について紹介する。なお,整理作業中の資料や複製資料は除いているものの,常設展示で活用している複製資料については記載している。

図　版

I　キリスト教文化

「器物」にはユダヤ教の祭具，聖書に登場する様々なものの複製資料，彫像などがあり，「文字・絵画」には聖書やその複製が多く含まれる。地域でいえば非西欧圏のものが多く，とくにフィリピンで制作されたサント※と呼ばれる聖人やマリアの彫像（図版番号1〜9），板絵（図版番号23〜27）を所蔵しており，当館の所蔵資料の特色のひとつとなっている。2016年には西欧圏の板絵（図版番号18）や聖書関連の資料も収集した。

※サント（Santo）：アジア唯一のキリスト教国であるフィリピンには，16世紀にスペイン系宣教師によってキリスト教が布教され，スペイン語の「聖人」を意味する「サント」という言葉が彫像を指すようになる。

1　聖母マリア像　［C-a-002］

2　聖母マリア像　［C-a-001］

図版 | キリスト教文化

3 無原罪懐胎の聖母像 [C-a-003]

4 教皇像 [C-a-004]

5 修道士像 [C-a-005]

6 修道士像 [C-a-006]

7 大天使ミカエル像 [C-a-008]

8 聖ロクス像 [C-a-010]

9 サント・ニーニョ像 [C-a-009]

10 聖フランスシスコ・ザビエル像 [C-a-007]

11　景教僧文青磁壺　[C-a-011]

12　ロザリオ祈禱書　[C-b-025]

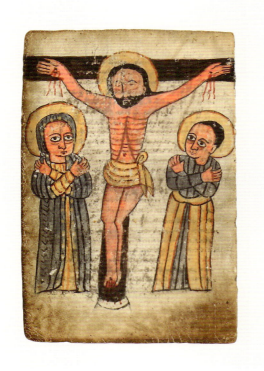

13　磔刑　[C-b-008]

14　聖ペテロと聖パウロ　[C-b-009]

15 受胎告知と諸聖人　[C-b-001]

16 三位一体　[C-b-002]

17 聖ニコラウス　[C-b-023]

18 東方三博士の礼拝　[C-b-022] ▶

図版 I　キリスト教文化

19　聖母子　[C-b-011]

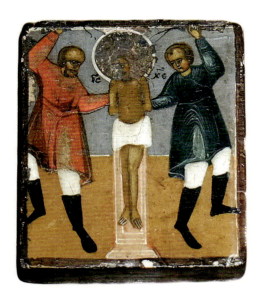

20　キリストの鞭打ち　[C-b-024]

21　聖母子と諸聖人　[C-b-C07]

22　聖パスカリウスへの奉納画
　　[C-b-010]

23 三位一体 ［C-b-003］

24 磔刑 ［C-b-018］

25 救済の聖母子 ［C-b-005］

26 聖母子 ［C-b-004］

27 悲しみのマリア　［C-b-012］

28 聖イシドロと寄進者　［C-b-006］

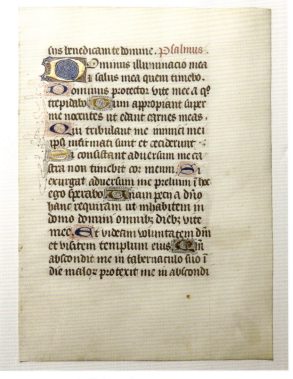

29 フランス時禱書写本　［C-b-021］

30 エチオピア護符　［C-b-020］

II
日本キリスト教史

「器物」には当館の目玉資料である，禁教時代に潜伏キリシタンが使用したと伝えられるマリア観音像とキリシタン魔鏡がある。資料展示室の時代から所有していたキリスト教の禁止を布告する制札は，その後も寄贈を受け，7点を所蔵する。「文書」では，全国各地の宗門改帳を収集しており，そのなかでも武家のもの（図版番号45）は貴重である。また，禁教時代に異国との交流が続けられたことを示す資料も収集しており，2016年には「出島蘭館図巻」（図版番号62）を購入し，当館を代表する資料のひとつとなった。ここでは，展示で活用されることが多い器物や絵画を中心に載せる。

31 マリア観音像 [N-a-001]

表

裏

32 キリシタン魔鏡 [N-a-002]

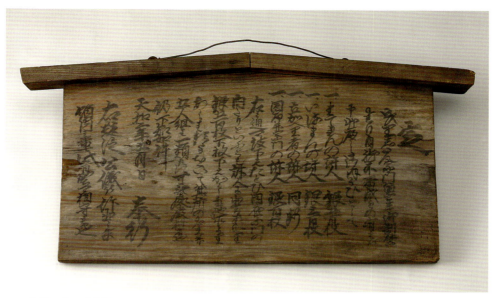

33 キリシタン制札　[N-a-003]

34 キリシタン制札　[N-a-004]

35 キリシタン制札　[N-a-005]

36 キリシタン制札　[N-a-008]

37 キリシタン制札　[N-a-009]

表　　　　　　　　　　　　　　裏

38　紅毛人プラケット　[N-a-015]

40　南蛮人行列奉納絵馬　[N-a-017]

39　紅毛人硯屏　[N-a-016]

41　南蛮船奉納絵馬　[N-a-018]

図版 II 日本キリスト教史

42 お水瓶 [N-a-019]

43 オテンペンシャ [N-a-020]

44 紅毛人饗宴図盆 [N-a-021]

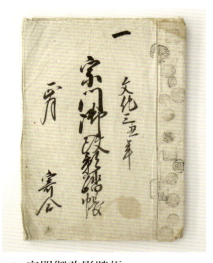

45 宗門御改影踏帳 [N-b-001-2]

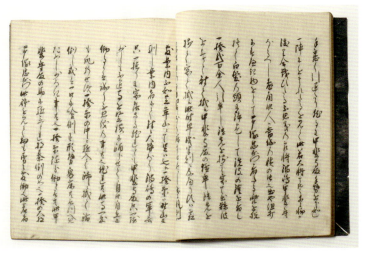

46 天草軍記 [N-b-019-5]

47 長崎阿蘭陀館出入許状 [N-b-025]

48 肥前島原記 [N-b-026-1]

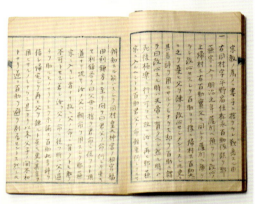

49 耶蘇宗徒群居捜索書 [N-b-027]

50 東インド会社遣日使節紀行 [N-b-065]

51 プチャーチン会談の図　第五
［N-c-003-1］

52 プチャーチン会談の図　第六
［N-c-003-2］

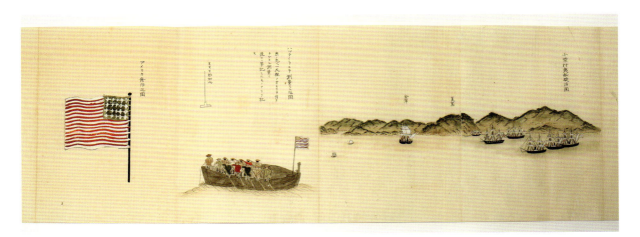

53 米利幹事略　［N-c-004］

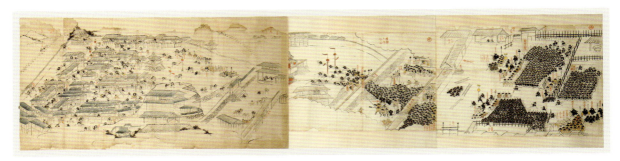

54 長崎唐人屋敷騒動鎮圧図　［N-c-007］

◀ 55　阿蘭陀国使節長崎入船
　　黒田鍋島陣営図　［N-c-008］

56　肥前崎陽玉浦風景之図　［N-c-011］

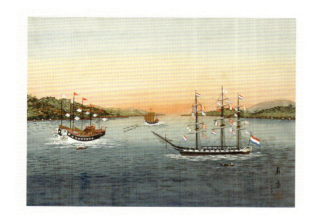

57　唐蘭船長崎入津図　［N-c-012］

58　蛮艦泊碕港之図　［N-c-013］

60 お掛絵　[N-c-016]

◀ *59* 阿蘭陀人狩猟図　[N-c-015]

61 アジア図▶
　　[N-c-017]

62 出島蘭館図巻 [N-c-018]

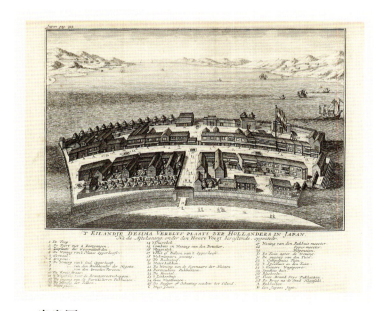

63 出島図 [N-c-022]

64 紅毛人遠見之図 [N-c-019]

図版 II 日本キリスト教史

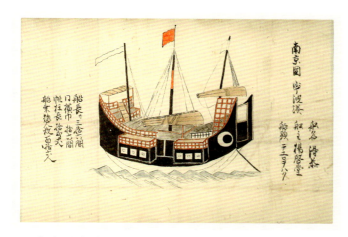

65 南京国寧波湊明船之図 [N-c-021]

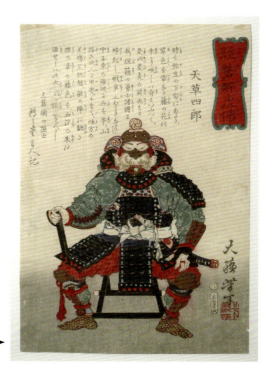

67 天草四郎肖像 ▶
[N-c-024]

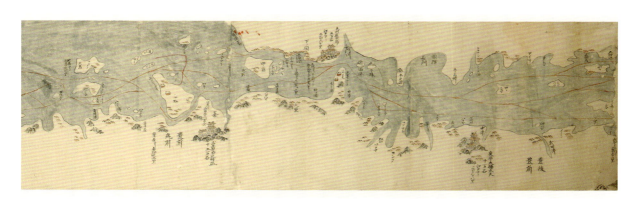

66 豊前中津ヨリ長崎迄海上図 [N-c-025]

III
関谷定夫コレクション

「器物」,「文字・絵画」には,実際に使用されていたユダヤ教の聖典であるトーラー(図版番号102〜104)や,その装飾品(図版番号68〜72)が数多くある。ユダヤ教の祭具は,その美しさから美術工芸品(ジュダイカ)と呼ばれ,ユダヤの象徴である7枝の燭台であるメノラー(図版番号73〜75),手の込んだハヌキヤ(図版番号77〜80)を多数所蔵している。「考古遺物」は複製資料が多いものの,古代ランプの変遷を示す資料などが揃っている(図版番号109〜117)。

68 ホーシェン [S-a-002]

69 ケテル・トーラー [S-a-003]

図版 III 関谷定夫コレクション

70 ヤド [S-a-142]　　71 ヤド [S-a-013]

72 トーラー・ケース [S-a-006]

73 メノラー [S-a-018]

74 メノラー [S-a-020]　　75 メノラー [S-a-021]

27

76　シャバット・ランプ　[S-a-053]

77　ハヌキヤ　[S-a-075]

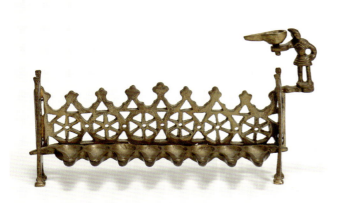

78　ハヌキヤ　[S-a-078]

79　ハヌキヤ　[S-a-083]

図版 III 関谷定夫コレクション

80 大型ハヌキヤ [S-a-087]

81 エトログ・ボックス [S-a-093]

83 ネール・タミード [S-a-111]

82 カポレット付パロケット [S-a-004]

84 安息日用吊りランプ [S-a-113]

85 ツェダカ・ボックス [S-a-103]

86 ツェダカ・ボックス [S-a-104]

87 ツェダカ・ボックス [S-a-105]

図 版 Ⅲ 関谷定夫コレクション

88 セデル皿　[S-a-118]

89 ハヌカ・コマ　[S-a-089]

90 成人式用キドゥシュ・カップ　[S-a-099]

91 キドゥシュ・カップ　[S-a-102]

92 割礼式用キドゥシュ・カップ [S-a-098]

94 割礼式用ナイフ [S-a-064]
95 割礼式用包皮つまみ [S-a-065]
96 割礼式用血受け皿 [S-a-066]

93 割礼式用キドゥシュ・カップ [S-a-063]

97 メズーザー [S-a-034]

図 版　III　関谷定夫コレクション

98　メズーザー　[S-a-024]

101　結婚指輪　[S-a-059]

99　スパイス・タワー　[S-a-106]

100　スパイス・タワー　[S-a-107]

102 トーラーとトーラー・マントル [S-b-002]

103 トーラーとトーラー・ケース [S-b-003]

104 トーラー [S-b-001]

105 メギラー [S-b-006]

図版 III 関谷定夫コレクション

106 ケトゥバー [S-b-012]

107 ケトゥバー [S-b-011]

198 ケトゥバー [S-b-010]

35

109 平皿型ランプ [S-c-001]

110 深底平皿型ランプ [S-c-002]

111 浅底平皿型ランプ [S-c-005]

112 装飾付ランプ [S-c-066]

113 装飾付ランプ [S-c-014]

114 ハスモン・ランプ　[S-z-016]

115 メノラー装飾付ユダヤ・ランプ　[S-c-051]

116 装飾付ユダヤ・ランプ　[S-c-017]

117 魚尾型把手付平型ユダヤ・ランプ　[S-c-032]

主要所蔵資料目録

【凡例】
◎資料番号は，大分類－小分類－連番－枝番で構成される。記号については，以下のとおりである。
　大分類：キリスト教文化（C），日本キリスト教史（N），関谷定夫コレクション（S）
　小分類：器物（a），文字・絵画（b），考古遺物（c），記録（d）
　　　　　ただし，日本キリスト教史の小分類は「器物（a）」，「文書（b）」，「地図・絵画（c）」としている。
◎「図版」に写真を掲載しているものは，資料番号の下に図版番号▶1〜▶117を付す。
◎関谷定夫コレクションの考古遺物の時代区分については，「考古学的年代別陶器形式変遷表」（関谷定夫『図説
　旧約聖書の考古学』ヨルダン社，1979年）を参考にした。
◎法量は，センチメートルの表記としている。資料の形状が巻子装・掛幅装・額装などである場合には，本体の
　法量とあわせて装幀された全体の法量を示した。なお，形状で複数の材質を記す場合には材質ごとの法量を示
　した。
◎複製資料については資料名に（複製）と表記し，作者・時代・形状については原資料の情報を記した。

I　キリスト教文化（C）

資料番号	資料名	英語名	作者	時代	形状	法　量	制作地
a　器物							
C-a-001 ▶2	聖母マリア像	Statue of Madonna	—	19世紀	木製，着色	像：高36.5×幅17.6×奥行10.46／台：高2.8×幅16.5×奥行10.1	フィリピン
C-a-002 ▶1	聖母マリア像	Statue of Madonna	—	19世紀	木製，着色	像：高28.0×幅13.8×奥行8.4／台：高3.3×幅12.5×奥行6.9	フィリピン
C-a-003 ▶3	無原罪懐胎の聖母像	Statue of the Immaculate Conception	—	18世紀	木製，着色	高27.5×幅9.0×奥行8.0	フィリピン
C-a-004 ▶4	教皇像	Statue of the Pope	—	19世紀	木製，着色	高39.7×幅13.6×奥行13.2	フィリピン
C-a-005 ▶5	修道士像	Statue of the Friar	—	19世紀	木製，着色	像：高17.4×幅12.6×奥行5.1／台：高3.0×幅15.0×奥行9.0	フィリピン
C-a-006 ▶6	修道士像	Statue of the Friar	—	19世紀	木製（頭部は骨製），着色	高23.7×幅9.5×奥行6.8	フィリピン
C-a-007 ▶10	聖フランシスコ・ザビエル像	Statue of St. Francis Xavier	—	18-19世紀	木製，着色	高20.5×幅8.5×奥行7.0	ゴア（インド）
C-a-008 ▶7	大天使ミカエル像	Statue of the Archangel Michael	—	19世紀	木製	高23.0×幅9.8×奥行6.0	フィリピン
C-a-009 ▶9	サント・ニーニョ像	Statue of the Child Jesus in Cebu	—	19世紀	木製，着色	高12.0×幅23.0×奥行5.6	フィリピン
C-a-010 ▶8	聖ロクス像	Statue of St. Roch	—	19世紀	木製，着色	高32.0×幅18.0×奥行8.0	フィリピン

C-a-011 ▶11	景教僧文青磁壺	Porcelain of *Keikyo* Priest	—	13世紀	陶製	直径11.8×高18.5	中国
C-a-012	最後の晩餐(中国様式)	Last Supper (Chinese style)	—	現代	陶製	直径30.3×高5.0	—

b 文字・絵画

C-b-001 ▶15	受胎告知と諸聖人	Annunciation and Saints	—	19–20世紀	ガラス製, 着色, 額装	本体:縦59.0×横48.8／全体:縦71.0×横61.0	ルーマニア
C-b-002 ▶16	三位一体	Trinity	—	20世紀	ガラス製, 着色, 額装	本体:縦56.6×横51.3／全体:縦66.0×横60.5	—
C-b-003 ▶23	三位一体	Trinity	—	18世紀	木製, 着色	縦46.0×横35.0	フィリピン
C-b-004 ▶26	聖母子	Madonna and Child	—	19世紀	木製, 着色	縦39.5×横21.5	フィリピン
C-b-005 ▶25	救済の聖母子	Madonna and Child saving a man	—	19世紀	木製, 着色	縦31.0×横24.5	フィリピン
C-b-006 ▶28	聖イシドロと寄進者	St. Isidore and a donator	—	19世紀	木製, 着色	縦35.2×横21.5(開扉時37.0)	フィリピン
C-b-007 ▶21	聖母子と諸聖人	Madonna and Child with Saints	—	19–20世紀	木製・布製, 着色	縦35.7×横26.6(開扉時49.8)	エチオピア
C-b-008 ▶13	磔刑	Crucifixion	—	19世紀	羊皮紙, 着色, 額装	本紙:縦16.7×横10.0／全体:縦29.6×横22.7	エチオピア
C-b-009 ▶14	聖ペテロと聖パウロ	St. Peter and St. Paul	—	19世紀	羊皮紙, 着色, 額装	本紙:縦17.0×横10.0／全体:縦29.4×横22.4	エチオピア
C-b-010 ▶22	聖パスカリスへの奉納画	Votive Picture of St. Paschalis	—	1927年	ブリキ製, 着色	縦28.4×横19.5	メキシコ
C-b-011 ▶19	聖母子	Madonna and Child	—	19世紀	木製, 着色	縦25.5×横18.0	ロシア
C-b-012 ▶27	悲しみのマリア	Mary of Sorrows	—	18世紀	木製, 着色	縦33.3(吊り下げ部分5.2)×横25.5	フィリピン
C-b-013	キリストの降誕	Nativity	—	現代	木製	縦25.0×横19.0	—
C-b-014	聖母子	Madonna and Child	—	現代	額装	本紙:縦22.5×横18.0／全体:縦26.3×横22.5	—
C-b-015	全能者キリスト	Christ Pantocrator	—	現代	木製	縦19.0×横15.0	—
C-b-016	全能者キリスト	Christ Pantocrator	—	現代	額装	縦32.0×横17.0	—
C-b-018 ▶24	磔刑	Crucifixion	—	18世紀	木製, 着色	縦64.0×横42.5	ボホール島(フィリピン)
C-b-019	エチオピア護符	Ethiopian Healing Scroll	—	19–20世紀	羊皮紙, 着色, 巻物	幅8.5	エチオピア
C-b-020	エチオピア護符	Ethiopian Healing Scroll	—	19–20世紀	羊皮紙, 着色, 巻物	幅11.0	エチオピア
C-b-021 ▶29	フランス時祷書写本(詩篇27)	Manuscript Leaf from Book of Hours (Psalm27)	—	1450年頃	羊皮紙	縦23.0×横16.0	フランス
C-b-022 ▶18	東方三博士の礼拝	Adoration of the Magi	—	17世紀以降	木製, 油絵, 額装	本体:縦50.0×横27.0／全体:縦72.5×横51.0	フランドル地方
C-b-023 ▶17	聖ニコラウス	St. Nicholas	—	19世紀	ガラス製, 着色, 額装	本体:縦34.2×横28.5／全体:縦44.2×横38.9	ドイツ
C-b-024 ▶20	キリストの鞭打ち	Flagellation of Christ	—	—	木製, 着色	縦5.5×横4.5	ロシア
C-b-025 ▶12	ロザリオ祈祷書	Rosary Prayer Book	アルベルト・ダ・カステッロ	1556年	紙製, ヴェラム装	縦15.0×横11.0	ヴェネツィア(イタリア)

番号	名称	English	印刷者等	年代	材質	サイズ	所蔵・地域
C-b-026	チューリッヒ聖書零葉	Piece of Zurich Bible	クリストッフェル・フォアシャウア刷	1531年	紙製	縦34.0×横24.0	チューリッヒ（スイス）
C-b-027	ラテン語時禱書写本	Codex of Latin Prayer Book	―	1480年頃	羊皮紙, 額装	本紙：縦14.8×横10.3／全体：縦31.8×横26.8	北フランス
C-b-028	聖歌集ネウマ譜	Hymnbook of Neumatic Notation	―	17世紀	紙製	縦47.5×横60.8	イタリア
C-b-029	装飾楽譜	Decorated Musical Score	―	17世紀	羊皮紙	縦68.2×横47.3	―
C-b-030	「大秦景教流行中国碑」拓本	Nestorian Stele (Stone rubbing)	―	781年	紙製, 額装	本紙：241.0×107.0／全体：縦264.0×横111.0	中国
C-b-046	新約全書	New Testament	蘇松上海美書館	1864年	紙製	縦9.0×横14.0×高2.0	中国
C-b-047	死海文書「ハバクク書注釈」（複製）	Dead Sea Scrolls "Habakkuk Commentary" (Copy)	―	紀元前2世紀頃	紙製, 巻物	幅15.0×長160.0	クムラン（イスラエル）／イスラエル博物館蔵
C-b-048	死海文書「教団規定」（複製）	Dead Sea Scrolls "Community Rule" (Copy)	―	紀元前2世紀頃	紙製, 巻物	幅25.0×長200.0	クムラン（イスラエル）／イスラエル博物館蔵
C-b-049	死海文書「イザヤ書写本」（複製）	Dead Sea Scrolls "Isaiah Scroll" (Copy)	―	紀元前2世紀頃	紙製, 巻物	幅28.0×長750.0	クムラン（イスラエル）／イスラエル博物館蔵
C-b-050	サマリヤ五書	Samaritan Pentateuch	―	現代	紙製	縦33.0×横24.0	―
C-b-051	ナッシュ・パピルス（複製）	Nash Papyrus (Copy)	―	紀元前2世紀頃－紀元後1世紀頃	紙製	縦26.0×横15.5	ケンブリッジ大学図書館蔵（イギリス）
C-b-052	ヴァティカン写本（複製）	Vatican Codex (Copy)	―	4世紀	紙製	縦29.5×横36.0	ヴァティカン図書館蔵（イタリア）
C-b-055	ヴェリスラフ聖書（複製）	Velislaus Bible (Copy)	―	14世紀前半	羊皮紙	縦30.7×横24.5	プラハ（チェコ）
C-b-075	シナイ写本（複製）	Sinai Codex (Copy)	―	4世紀	紙製	縦45.0×横40.5	大英図書館蔵（イギリス）
C-b-076	アレッポ写本（複製）	Aleppo Codex (Copy)	―	930年頃	紙製	縦44.0×横35.0	イスラエル博物館蔵
C-b-077	レニングラード写本（複製）	Leningrad Codex (Copy)	―	1008－1009年	紙製	縦35.0×横30.0	ロシア国立図書館蔵
C-b-078	トーラー	Torah	―	―	羊皮紙, 巻物	幅37.5	―
C-b-079	ケニコット聖書（複製）	Kennicott Bible (Copy)	―	1476年	紙製	縦31.0×横30.0	オックスフォード大学ボドリアン図書館蔵（イギリス）
C-b-080	ティンダル聖書（複製）	Tyndale Bible (Copy)	―	1526年	紙製	縦19.0×横17.0	―
C-b-081	ジュネーブ聖書（複製）	Geneva Bible (Copy)	―	1557年（新約），1560年（旧約）	紙製	縦25.6×横18.6	―
C-b-082	死海文書を納めていた壺（複製）	Pottery that held some of Dead Sea Scrolls (Copy)	―	紀元前2世紀頃	土製	直径18.5×高48.0	クムラン（イスラエル）／イスラエル博物館蔵
C-b-083	リンディスファーン福音書（複製）	Lindisfarne Gospels (Copy)	―	698年	紙製	縦36.5×横30.5	大英図書館蔵（イギリス）

資料番号	資料名	英語名	作者	時代	形状	法量	制作地
C-b-084	グーテンベルク42行聖書「エゼキエル書」（複製）	Gutenberg Bible "Book of Ezekiel" (Copy)	—	1455年	紙製	縦47.0×横37.5	ベルリン国立プロイセン財団図書館蔵（ドイツ）
C-b-085	欽定訳聖書（複製）	King James Version Bible (Copy)	—	1611年	紙製	縦44.0×横33.0	—
C-b-086	聖フランシスコ・ザビエル伝	Book about Life of St. Francis Xavier	ジュゼッペ・マッセイ	1793年	紙製, 銅版	縦19.8×横14.0	ローマ（イタリア）

II 日本キリスト教史（N）

資料番号	資料名	英語名	作者	時代	形状	法量	制作地
a　器物							
N-a-001 ▶31	マリア観音像	Statue of Mary Kannon	—	18–19世紀	陶製	高24.0×幅10.5×奥行6.2	中国
N-a-002 ▶32	キリシタン魔鏡	Magic Mirror	—	江戸時代	青銅製	直径21.0	—
N-a-003 ▶33	キリシタン制札	Proclamation Banning Christianity	—	1682（天和2）年	木製	縦35.3×横60.5	—
N-a-004 ▶34	キリシタン制札	Proclamation Banning Christianity	—	1682（天和2）年	木製	縦48.5×横72.8	—
N-a-005 ▶35	キリシタン制札	Proclamation Banning Christianity	—	1711（正徳元）年	木製	縦43.0×横100.0	—
N-a-006	キリシタン制札	Proclamation Banning Christianity	—	1711（正徳元）年	木製	縦36.0×横57.7	—
N-a-007	キリシタン制札	Proclamation Banning Christianity	—	1868（慶応4）年	木製	縦34.0×横50.0	豊岡（兵庫）
N-a-008 ▶36	キリシタン制札	Proclamation Banning Christianity	—	1868（慶応4）年	木製	縦31.2×横49.7	—
N-a-009 ▶37	キリシタン制札	Proclamation Banning Christianity	—	1868（慶応4）年	木製	縦38.1×横60.2	—
N-a-011	板踏絵（複製）	*Fumi-e* (Copy)	—	—	木製・鉄製	縦27.3×横19.5×高3.2	—
N-a-014	洋銀銭メダル	Medal	—	18世紀	銀製	直径5.0	スペイン
N-a-015 ▶38	紅毛人プラケット	Small Wall Hanging with Picuture of a Dutch Trader	—	江戸時代	金属製, 高蒔絵・螺鈿	縦15.2×横9.0	—
N-a-016 ▶39	紅毛人硯屏	Inkstone Screen with Picture of a Dutch Trader	—	江戸時代後期	螺鈿	縦24.3×横16.7	—
N-a-017 ▶40	南蛮人行列奉納絵馬	Votive Picture of Westerner's Procession	—	江戸時代後期	木製, 着色	縦62.0×横93.0	—
N-a-018 ▶41	南蛮船奉納絵馬	Votive Picture of Westerner's Ship	—	江戸時代後期	木製, 着色	縦60.0×横91.0	—
N-a-019 ▶42	お水瓶	Bottle of Holy Water	—	18–19世紀	陶製	直径6.5×高16.5	平戸（長崎）
N-a-020 ▶43	オテンペンシャ	Religious Instrument	—	—	麻製	長48.0	平戸（長崎）
N-a-021 ▶44	紅毛人饗宴図盆	Tray with a motif of the Dutch holding a banquet	—	江戸時代	木製, 着色	縦43.0×横80.0	—
N-a-022	VOCコイン	Coin of Vereenigde Oostindische Compagnie (the Dutch East India Company)	—	1746年	銅製	直径2.2	—
N-a-025	中川車紋軒丸瓦	Eave-end roof tile of *Nakagawakuruma* (pattern of wheels) Crest	—	17世紀	土製	縦8.5×横6.5	竹田（大分）

N-a-026	キリシタン仏像	Cross with Buddha motif	—	明治時代	銅製	縦25.3×横20.0	—
N-a-028	十字紋鍔	Sword guard with cross motif	—	19世紀	金属製	直径7.8	—
N-a-030	伝マリア観音像	Statue of Mary *Kannon*	—	—	陶製	高17.8×奥行7.8×幅9.3	—
N-a-031	伝マリア観音像	Statue of Mary *Kannon*	—	—	陶製	高22.5×奥行5.7×幅9.3	—
N-a-032	伝マリア観音像	Statue of Mary *Kannon*	—	—	銅製	高9.5×奥行2.1×幅5.3	—
N-a-033	伝マリア観音像	Statue of Mary *Kannon*	—	—	木製	高23.7×奥行9.3×幅10.9	—
N-a-034	十字文様壺	Pot with cross motif	—	—	土製, 磁器	直径9.8×高17.8	—
N-a-035	イエスの涙	Christ of Tears	博多人形伝統工芸士高山高夫	2000年代	土製	縦33×横26	福岡
N-a-036	マリアの涙	Mary of Tears	博多人形伝統工芸士高山高夫	2000年代	土製	直径30.0	福岡
N-a-037	最後の晩餐	Last Supper	博多人形伝統工芸士高山高夫	2000年代	土製	縦9.5×横26.0	福岡
N-a-038	葦の海のモーセ	Moses crossing the Sea	博多人形伝統工芸士高山高夫	2000年代	土製	縦28.0×横28.0	福岡
N-a-039	聖母マリアの聖心	The Immaculate Heart of Mary	博多織伝統工芸士木村佐次男	1991年	絹製	縦61.0×横52.7	福岡
b 文字・絵画							
N-b-001-1	無題(宗門御改影踏帳)	Religious Investigation Register	—	1784(天明4)年	紙製, 書冊	縦31.0×横23.0	島原(長崎)
N-b-001-2 ▶45	宗門御改影踏帳	Religious Investigation Register	寄合	1806(文化3)年	紙製, 書冊	縦31.5×横22.0	島原(長崎)
N-b-001-3	宗門御改影踏帳	Religious Investigation Register	寄合	1816(文化13)年	紙製, 書冊	縦31.0×横23.0	島原(長崎)
N-b-001-4	宗門御改影踏帳	Religious Investigation Register	寄合	1816(文化13)年	紙製, 書冊	縦31.0×横23.0	島原(長崎)
N-b-001-5	宗門御改影踏帳	Religious Investigation Register	寄合	1831(天保2)年	紙製, 書冊	縦31.0×横23.0	島原(長崎)
N-b-001-6	宗門御改影踏帳	Religious Investigation Register	寄合	1831(天保2)年	紙製, 書冊	縦31.0×横23.0	島原(長崎)
N-b-001-7	宗門御改影踏帳	Religious Investigation Register	宗門方	1833(天保4)年	紙製, 書冊	縦31.0×横22.5	島原(長崎)
N-b-001-8	宗門御改影踏帳	Religious Investigation Register	宗門方	1852(嘉永5)年	紙製, 書冊	縦31.0×横22.5	島原(長崎)
N-b-001-9	宗門御改影踏帳	Religious Investigation Register	宗門方	1852(嘉永5)年	紙製, 書冊	縦31.0×横22.5	島原(長崎)
N-b-001-10	宗門御改影踏帳	Religious Investigation Register	宗門方	1854(嘉永7)年	紙製, 書冊	縦32.0×横22.0	島原(長崎)
N-b-001-11	宗門御改影踏帳	Religious Investigation Register	宗門方	1863(文久3)年	紙製, 書冊	縦32.0×横22.0	島原(長崎)
N-b-002-1	原城紀事巻一	Records of *Shimabara-Amakusa* Rebellion	河北温山	1846(弘化3)年	紙製, 書冊	縦27.0×横19.0	—
N-b-002-2	原城紀事巻二	Records of *Shimabara-Amakusa* Rebellion	河北温山	1846(弘化3)年	紙製, 書冊	縦27.0×横19.0	—
N-b-002-3	原城紀事巻三	Records of *Shimabara-Amakusa* Rebellion	河北温山	1846(弘化3)年	紙製, 書冊	縦27.0×横19.0	—
N-b-002-4	原城紀事巻四	Records of *Shimabara-Amakusa* Rebellion	河北温山	1846(弘化3)年	紙製, 書冊	縦27.0×横19.0	—

N-b-002-5	原城紀事巻五	Records of *Shimabara-Amakusa* Rebellion	河北温山	1846(弘化3)年	紙製, 書冊	縦27.0×横19.0	—
N-b-002-6	原城紀事巻六	Records of *Shimabara-Amakusa* Rebellion	河北温山	1846(弘化3)年	紙製, 書冊	縦27.0×横19.0	—
N-b-002-7	原城紀事巻七	Records of *Shimabara-Amakusa* Rebellion	河北温山	1846(弘化3)年	紙製, 書冊	縦27.0×横19.0	—
N-b-002-8	原城紀事巻八	Records of *Shimabara-Amakusa* Rebellion	河北温山	1846(弘化3)年	紙製, 書冊	縦27.0×横19.0	—
N-b-002-9	原城紀事巻九	Records of *Shimabara-Amakusa* Rebellion	河北温山	1846(弘化3)年	紙製, 書冊	縦27.0×横19.0	—
N-b-002-10	原城紀事巻十	Records of *Shimabara-Amakusa* Rebellion	河北温山	1846(弘化3)年	紙製, 書冊	縦27.0×横19.0	—
N-b-002-11	原城紀事巻十一	Records of *Shimabara-Amakusa* Rebellion	河北温山	1846(弘化3)年	紙製, 書冊	縦27.0×横19.0	—
N-b-002-12	原城紀事巻十二	Records of *Shimabara-Amakusa* Rebellion	河北温山	1846(弘化3)年	紙製, 書冊	縦27.0×横19.0	—
N-b-003	賀川豊彦書	Note written by *Toyohiko Kagawa*	賀川豊彦	1921(大正10)年11月3日	紙製, 色紙	縦18.0×横24.0	—
N-b-004	紙踏絵	*Fumi-e*	—	20世紀	紙製	縦35.0×横23.0	—
N-b-005	紙踏絵	*Fumi-e*	—	20世紀	紙製	縦35.0×横25.0	—
N-b-006	条約書	Treaties between Japan and Foreign Countries		1854(嘉永7)年	紙製, 書冊	縦24.8×横17.0	—
N-b-007	阿蘭陀国条約並税則全	Treaty of Amity and Commerce between Japan and the Netherlands	—	江戸時代後期	紙製, 書冊	縦25.6×横18.0	—
N-b-008-1	阿蘭陀国条約並税則全	Treaty of Amity and Commerce between Japan and the Netherlands	—	江戸時代後期	紙製, 書冊	縦25.8×横18.3	—
N-b-008-2	英吉利国条約並税則全	Treaty of Amity and Commerce between Japan and United Kingdom	—	江戸時代後期	紙製, 書冊	縦25.8×横18.3	—
N-b-008-3	佛蘭西国条約並税則全	Treaty of Amity and Commerce between Japan and France	—	江戸時代後期	紙製, 書冊	縦25.8×横18.3	—
N-b-008-4	亜墨利加国条約並税則全	Treaty of Amity and Commerce between Japan and the United States	—	江戸時代後期	紙製, 書冊	縦25.8×横18.3	—
N-b-008-5	魯西亜国条約並税則全	Treaty of Amity and Commerce between Japan and Russia	—	江戸時代後期	紙製, 書冊	縦25.8×横18.3	—
N-b-009	諸国公事御定書	Book of public rules in Edo Period	—	江戸時代後期	紙製, 書冊	縦24.5×横16.5	—
N-b-010	切支丹宗門来朝実記	Tale of Anti-Christianity	—	1854(嘉永7)年写	紙製, 書冊	縦24.0×横17.0	—
N-b-011-1	清俗紀聞巻一	Racords of Chinese custom and culture	中川忠英	1799(寛政11)年	紙製, 書冊	縦24.7×横18.0	東京
N-b-011-2	清俗紀聞巻二	Racords of Chinese custom and culture	中川忠英	1799(寛政11)年	紙製, 書冊	縦24.7×横18.0	東京
N-b-011-3	清俗紀聞巻三	Racords of Chinese custom and culture	中川忠英	1799(寛政11)年	紙製, 書冊	縦24.7×横18.0	東京
N-b-011-4	清俗紀聞巻四	Racords of Chinese custom and culture	中川忠英	1799(寛政11)年	紙製, 書冊	縦24.7×横18.0	東京
N-b-011-5	清俗紀聞巻五	Racords of Chinese custom and culture	中川忠英	1799(寛政11)年	紙製, 書冊	縦24.7×横18.0	東京
N-b-011-6	清俗紀聞巻六	Racords of Chinese custom and culture	中川忠英	1799(寛政11)年	紙製, 書冊	縦24.7×横18.0	東京
N-b-012	高札写	Manuscript of Official Bulletin Board	—	1682(天和2)年5月	紙製, 巻子装	本紙:幅31.0×長343.0／軸:40.5	—
N-b-013	切支丹宗門由来記	Tale of Anti-Christianity	—	江戸時代	紙製, 書冊	縦23.1×横16.6	—
N-b-014	肥前国五嶋領転切支丹之類族存命帳(元禄三庚午年二月廿二日)	Family registers of Christians converted to Buddism	杉本与右衛門	1777(安永6)年	紙製, 書冊	縦26.1×横19.3	五島(長崎)

N-b-015	転切支丹之類族本帳洩候者共之帳（元禄六酉年八月廿五年）	Family registers of Christians converted to Buddism	杉本与右衛門	1777（安永6）年	紙製, 書冊	縦26.7×横19.8	五島（長崎）
N-b-016	転切支丹之類族進加帳（元禄八乙亥年五月十三日）	Family registers of Christians converted to Buddism	杉本与右衛門	1777（安永6）年	紙製, 書冊	縦27.2×横20.1	五島（長崎）
N-b-017	転切支丹之類族新洩者帳（享保十六亥年）	Family registers of Christians converted to Buddism	杉本与右衛門	1777（安永6）年	紙製, 書冊	縦26.8×横20.0	五島（長崎）
N-b-018-1	往生要集　地獄物語　上	The Essentials of Rebirth in the Pure land "Hell of Buddism"	恵心僧都	1883（明治16）年	紙製, 書冊	縦26.5×横18.0	京都
N-b-018-2	往生要集　極楽物語　下	The Essentials of Rebirth in the Pure land "Paradise of Buddism"	恵心僧都	1883（明治16）年	紙製, 書冊	縦26.5×横18.0	京都
N-b-019-1	天草軍記　一, 二	Records of Amakusa-Shimabara Rebellion	—	江戸時代	紙製, 書冊	縦23.8×横17.0	—
N-b-019-2	天草軍記　三, 四	Records of Amakusa-Shimabara Rebellion	—	江戸時代	紙製, 書冊	縦24.0×横17.2	—
N-b-019-3	天草軍記　五, 六	Records of Amakusa-Shimabara Rebellion	—	江戸時代	紙製, 書冊	縦24.0×横17.2	—
N-b-019-4	天草軍記　七, 八	Records of Amakusa-Shimabara Rebellion	—	江戸時代	紙製, 書冊	縦24.0×横17.2	—
N-b-019-5 ▶46	天草軍記　九, 十	Records of Amakusa-Shimabara Rebellion	—	江戸時代	紙製, 書冊	縦24.0×横17.2	—
N-b-019-6	天草軍記　十一, 十二	Records of Amakusa-Shimabara Rebellion	—	江戸時代	紙製, 書冊	縦24.0×横17.1	—
N-b-019-7	天草軍記　十三, 十四	Records of Amakusa-Shimabara Rebellion	—	江戸時代	紙製, 書冊	縦23.8×横17.0	—
N-b-019-8	天草軍記　十五, 十六	Records of Amakusa-Shimabara Rebellion	—	江戸時代	紙製, 書冊	縦24.0×横17.0	—
N-b-019-9	天草軍記　十七, 十八	Records of Amakusa-Shimabara Rebellion	—	江戸時代	紙製, 書冊	縦23.5×横17.2	—
N-b-019-10	天草軍記　十九, 二十, 二十一	Records of Amakusa-Shimabara Rebellion	—	江戸時代	紙製, 書冊	縦23.7×横17.0	—
N-b-020	長崎土産	Book about Famous Places and Culture of Nagasaki	磯野信春	1847（弘化4）年	紙製, 書冊	縦23.3×横16.0	長崎
N-b-021-1	長崎夜話草　一	Geography of Nagasaki	西川如見	1720（享保5）年	紙製, 書冊	縦22.4×横15.6	京都
N-b-021-2	長崎夜話草　二	Geography of Nagasaki	西川如見	1720（享保5）年	紙製, 書冊	縦22.4×横15.6	京都
N-b-021-3	長崎夜話草　三	Geography of Nagasaki	西川如見	1720（享保5）年	紙製, 書冊	縦22.4×横15.6	京都
N-b-021-4	長崎夜話草　四	Geography of Nagasaki	西川如見	1720（享保5）年	紙製, 書冊	縦22.4×横15.6	京都
N-b-021-5	長崎夜話草　五	Geography of Nagasaki	西川如見	1720（享保5）年	紙製, 書冊	縦22.4×横15.6	京都
N-b-022-1	キリスト教会暦	Ecclesiastical Calendar	—	1868（慶応4・明治元）年	紙製, 木版墨摺	縦33.5×横40.7	—
N-b-022-2	幾里支丹しゅらめんとの事	Oath	—	江戸時代	紙製	縦15.0×横83.7	—
N-b-023	弥撒拝礼式	Ceremonial	伯爾納鐸	1869（明治2）年	紙製, 書冊	縦23.0×横17.5	—
N-b-024	珍奇貨幣図譜	Book of Coins from Different Countries	—	江戸時代中－後期	紙製, 書冊	縦13.5×横19.9	—
N-b-025 ▶47	長崎阿蘭陀館出入許状	Document of Admission for Dutch trading house of Nagasaki	—	江戸時代	紙製, 掛幅装	本紙：縦16.8×横34.3／全体：縦104.0×横37.0／軸：42.5	長崎
N-b-026-1 ▶48	肥前島原記　天	Records of Shimabara-Amakusa Rebellion	—	江戸時代後期	紙製, 書冊	縦23.5×横15.5	—
N-b-026-2	肥前島原記　地	Records of Shimabara-Amakusa Rebellion	—	江戸時代後期	紙製, 書冊	縦23.5×横15.5	—
N-b-027 ▶49	耶蘇宗徒群居捜索書	Document related to search operations on Christian houses	櫻井虎太郎	1875（明治8）年	紙製, 書冊	縦23.7×横16.0	—

N-b-028	潜伏キリシタンころび証文	Pledge not to believe in Christianity with seal of blood	—	江戸時代後期	紙製，巻子装	本紙：幅30.5×長417.5／全体：幅28.6×長446.8／軸：29.8	大村（長崎）
N-b-029	切支丹由来実録	Tale of Anti-Christianity	—	1775（安永4）年	紙製，書冊	縦26.5×横19.2	—
N-b-030	細川忠興ローマ字印判書状	Letter written by *Tadaoki Hosokawa* with his roman seal	細川忠興	17世紀初頭（7月25日）	紙製，掛幅装	本紙：縦15.3×横26.5／全体：縦96.8×横35.7	—
N-b-031-1	嶋原記　上	Records of *Shimabara-Amakusa* Rebellion	—	江戸時代	紙製，書冊	縦27.7×横17.2	—
N-b-031-2	嶋原記　中	Records of *Shimabara-Amakusa* Rebellion	—	江戸時代	紙製，書冊	縦27.7×横17.2	—
N-b-031-3	嶋原記　下	Records of *Shimabara-Amakusa* Rebellion	—	江戸時代	紙製，書冊	縦27.7×横17.0	—
N-b-032	崎陽茶話，邪教始末	Tale of Anti-Christianity	—	1868（慶応4）年	紙製，書冊	縦24.5×横16.2	—
N-b-033	宗像郡宗門改断簡	Religious Investigation Register	—	江戸時代	紙製	縦27.3×横40.5	宗像（福岡）
N-b-034	宗門方増減	Religious Census Certificates	—	1824（文政7）年	紙製，書冊	縦27.5×横20.5	—
N-b-035	宗門改帳（転邪宗門之儀ニ付御触書）	Religious Investigation Register	—	［1870（明治3）年］	紙製，書冊	縦24.7×横18.5	—
N-b-036	送り手形	Religious Census Certificates	—	江戸時代（文化－文政年間）	紙製，書冊	縦28.0×横20.5	—
N-b-037	御山筒宗門改御帳	Religious Investigation Register	—	1870（明治3）年	紙製，書冊	縦27.4×横20.3	—
N-b-038-1	劈邪論　上巻	Tale of Anti-Christianity	—	1865（慶応元）年	紙製，書冊	縦26.5×横19.0	—
N-b-038-2	劈邪論　下巻	Tale of Anti-Christianity	—	1865（慶応元）年	紙製，書冊	縦26.5×横19.0	—
N-b-039	切支丹宗門改踏絵之件	Religious Investigation Register	—	江戸時代後期	紙製	縦27.0×横38.5	—
N-b-040-1	ベッテルハイム訳馬太伝福音書	Gospel of Matthew	—	1979（昭和54）年	紙製，書冊	縦29.0×横21.0	東京
N-b-040-2	ベッテルハイム訳馬可伝福音書	Gospel of Mark	—	1979（昭和54）年	紙製，書冊	縦29.0×横21.0	東京
N-b-041-1	切支丹御改一礼	Religious Investigation Register	—	1834（天保5）年	紙製，書冊	縦24.6×横16.8	端場村（和歌山）
N-b-041-2	切支丹御改一礼	Religious Investigation Register	—	1835（天保6）年	紙製，書冊	縦23.6×横16.0	端場村（和歌山）
N-b-041-3	切支丹御改一礼	Religious Investigation Register	—	1838（天保9）年	紙製，書冊	縦24.6×横16.6	端場村（和歌山）
N-b-041-4	切支丹宗門御改一礼	Religious Investigation Register	—	1846（弘化3）年	紙製，書冊	縦24.2×横16.5	端場村（和歌山）
N-b-041-5	切支丹宗門御改一礼	Religious Investigation Register	—	1847（弘化4）年	紙製，書冊	縦24.2×横16.3	端場村（和歌山）
N-b-041-6	切支丹宗門御改一礼	Religious Investigation Register	—	1848（弘化5）年	紙製，書冊	縦24.8×横17.0	端場村（和歌山）
N-b-041-7	切支丹宗門御改一礼	Religious Investigation Register	—	1849（嘉永2）年	紙製，書冊	縦24.6×横17.0	端場村（和歌山）
N-b-041-8	切支丹宗門御改一礼	Religious Investigation Register	—	1850（嘉永3）年	紙製，書冊	縦24.9×横17.2	端場村（和歌山）
N-b-041-9	切支丹宗門御改一礼	Religious Investigation Register	—	1851（嘉永4）年	紙製，書冊	縦24.3×横16.6	端場村（和歌山）
N-b-041-10	切支丹宗門御改一礼	Religious Investigation Register	—	1852（嘉永5）年	紙製，書冊	縦24.6×横16.6	端場村（和歌山）
N-b-041-11	切支丹宗門御改一礼	Religious Investigation Register	—	1853（嘉永6）年	紙製，書冊	縦24.0×横16.0	端場村（和歌山）
N-b-041-12	切支丹宗門御改一礼	Religious Investigation Register	—	1854（嘉永7）年	紙製，書冊	縦24.5×横16.5	端場村（和歌山）

N-b-041-13	切支丹宗門御改一礼	Religious Investigation Register	—	1855(安政2)年	紙製, 書冊	縦24.5×横17.0	端場村(和歌山)
N-b-041-14	切支丹宗門御改一礼	Religious Investigation Register	—	1857(安政4)年	紙製, 書冊	縦24.0×横17.0	端場村(和歌山)
N-b-041-15	切支丹宗門御改一礼	Religious Investigation Register	—	1858(安政5)年	紙製, 書冊	縦24.5×横17.3	端場村(和歌山)
N-b-041-16	切支丹宗門御改一礼	Religious Investigation Register	—	1859(安政6)年	紙製, 書冊	縦24.6×横16.7	端場村(和歌山)
N-b-041-17	切支丹宗門御改一礼	Religious Investigation Register	—	1860(安政7)年	紙製, 書冊	縦24.6×横16.7	端場村(和歌山)
N-b-041-18	切支丹宗門御改一礼	Religious Investigation Register	—	1861(万延2)年	紙製, 書冊	縦24.5×横16.3	端場村(和歌山)
N-b-041-19	切支丹宗門御改一礼	Religious Investigation Register	—	1862(文久2)年	紙製, 書冊	縦24.5×横16.6	端場村(和歌山)
N-b-041-20	切支丹宗門御改一礼	Religious Investigation Register	—	1863(文久3)年	紙製, 書冊	縦24.5×横17.3	端場村(和歌山)
N-b-041-21	切支丹宗門御改一礼	Religious Investigation Register	—	1864(文久4)年	紙製, 書冊	縦24.5×横17.0	端場村(和歌山)
N-b-041-22	切支丹宗門御改一礼	Religious Investigation Register	—	1865(元治2)年	紙製, 書冊	縦24.5×横16.9	端場村(和歌山)
N-b-041-23	切支丹宗門御改一礼	Religious Investigation Register	—	1866(慶応2)年	紙製, 書冊	縦24.5×横16.9	端場村(和歌山)
N-b-041-24	切支丹宗門御改一礼	Religious Investigation Register	—	1867(慶応3)年	紙製, 書冊	縦24.5×横16.9	端場村(和歌山)
N-b-041-25	切支丹宗門御改一礼	Religious Investigation Register	—	1868(慶応4)年	紙製, 書冊	縦24.4×横16.7	端場村(和歌山)
N-b-041-26	切支丹宗門御改一礼	Religious Investigation Register	—	1869(明治2)年	紙製, 書冊	縦24.4×横16.5	端場村(和歌山)
N-b-042	大坂北組淡路町借家人判形帳	Religious Investigation Register	藤屋伝右衛門	1785(天明5)年	紙製, 折本	縦30.6×横10.1	大阪
N-b-043-1	切支丹禁制談　本	Tale of Anti-Christianity	響阿	1847(弘化4)年写	紙製, 書冊	縦25.1×横17.0	—
N-b-043-2	切支丹禁制談　末	Tale of Anti-Christianity	響阿	1847(弘化4)年写	紙製, 書冊	縦25.1×横17.0	—
N-b-044	切支丹御改踏絵踏申帳	Religious Investigation Register	—	1852(嘉永5)年	紙製, 書冊	縦24.0×横16.5	大野郡(大分)
N-b-045	宗門御手本	Transcript of rules about a ban on Christianity	西角専次郎	江戸時代	紙製, 書冊	縦27.0×横18.0	—
N-b-046	白川領椚山村転切支丹本人次左衛門存命宗門御改帳	Registers of the Christian converted to Buddhism	遠藤伝十郎	1727(享保12)年	紙製, 書冊	縦30.9×横19.9	椚山村(福島)
N-b-047	白川領椚山村転切支丹本人治右衛門類族存命宗門御改帳	Family registers of Christians converted to Buddhism	—	江戸時代	紙製, 書冊	縦31.0×横20.5	椚山村(福島)
N-b-048-1	人別宗門改帖	Religious Investigation Register	—	1865(元治2)年	紙製, 書冊	縦25.0×横16.8	刈羽郡(新潟)
N-b-048-2	人別宗門改帖	Religious Investigation Register	—	1867(慶応3)年	紙製, 書冊	縦25.0×横16.8	刈羽郡(新潟)
N-b-049	刈羽郡佐藤池新田浄土真宗人別宗門御改帳	Religious Investigation Register	—	1837(天保8)年	紙製, 書冊	縦27.5×横18.1	刈羽郡(新潟)
N-b-050	キリシタン肥前嶋原記	Records of *Shimabara-Amakusa* Rebellion	—	1716(享保元)年	紙製, 書冊	縦24.3×横18.4	—
N-b-051	切支丹根元記	Tale of Anti-Christianity	南呂中院	1798(寛政10)年写	紙製, 書冊	縦22.0×横15.0	—
N-b-052	御高札之写	Transcript of official bulletin board about Punishment for spreading illegal religion	豊田貢	1829(文政12)年	紙製, 書冊	縦25.3×横16.4	—

N-b-053	御公儀御条目写	Transcript of rules about a ban on Christianity	―	江戸時代	紙製, 書冊	縦24.0×横17.5	―
N-b-054	破切支丹記巻	Tale of Anti-Christianity	―	1837(天保8)年	紙製, 書冊	縦25.5×横15.5	―
N-b-055	転切支丹類族矢野玄説母たね病死ニ付葬礼見届之覚	Report about the funeral ceremony for family of Christians converted to Buddism	成田忠左衛門, 黒瀧長次郎	1761(宝暦11)年	紙製, 台紙付	縦32.0×横45.5	―
N-b-056	切支丹宗門御改手形之事	Religious Census Certificates	築地本願寺地中浄泉寺	1811(文化8)年	紙製	縦32.0×横45.3	―
N-b-057	耶蘇之部	Compilation of documents about a ban on Christianity	兼松善六郎	明治時代	紙製	縦28.0×横20.5	―
N-b-058	宗門人別書上帳	Religious Inverstigation Register	―	1856(安政3)年3月	紙製, 書冊	縦24.5×横17.0	木曽根村（埼玉）
N-b-059	天草征伐記	Records of *Shimabara-Amakusa* Rebellion	―	江戸時代	紙製, 書冊	縦24.0×横15.0	―
N-b-060	憲章簿　耶蘇之部　乾	Compilation of documents about a ban on Christianity	―	19世紀	紙製	縦38.1×横20.1	―
N-b-061	宗門御改踏絵帳	Religious Inverstigation Register	―	1733(享保18)年3月4日	紙製, 書冊	縦22.5×横17.0	徳田村など（大分）
N-b-062-1	切支丹宗門改証文	Religious Census Certificates	―	1669(寛文9)年	紙製	縦25.5×横28.1	―
N-b-062-2	切支丹宗門改証文	Religious Census Certificates	―	1788(天明8)年	紙製	縦24.8×横30.9	―
N-b-063	宗門檀那請合之掟	Transcript of rules about a ban on Christianity	―	1613(慶長18)年	紙製	縦27.0×横37.8	―
N-b-064-1	筑後国宗門手形	Religious Census Certificates	西念寺	1795(寛政7)年	紙製	本紙：縦27.1×横26.2／台紙：縦32.2×横40.2	上妻郡（福岡）
N-b-064-2	筑後国宗門手形	Religious Census Certificates	西念寺	1795(寛政7)年	紙製	本紙：縦26.0×横34.1／台紙：縦32.0×横40.0	上妻郡（福岡）
N-b-064-3	筑後国宗門手形	Religious Census Certificates	妙泉寺	1863(文久3)年	紙製	本紙：縦26.5×横18.9／台紙：縦32.1×横40.1	上妻郡（福岡）
N-b-064-4	筑後国宗門手形	Religious Census Certificates	西福寺	1798(寛政10)年	紙製	本紙：縦24.8×横21.9／台紙：縦32.2×横40.1	上妻郡（福岡）
N-b-064-5	筑後国宗門手形	Religious Census Certificates	一念寺	1798(寛政10)年	紙製	本紙：縦26.6×横24.8／台紙：縦31.8×横40.5	上妻郡（福岡）
N-b-064-6	筑後国宗門手形	Religious Census Certificates	専修寺	1795(寛政7)年	紙製	本紙：縦26.1×横17.8／台紙：縦32.1×横40.2	上妻郡（福岡）
N-b-064-7	筑後国宗門手形	Religious Census Certificates	願正寺	1795(寛政7)年	紙製	本紙：縦26.1×横17.3／台紙：縦32.2×横40.2	上妻郡（福岡）
N-b-064-8	筑後国宗門手形	Religious Census Certificates	専修寺	1795(寛政7)年	紙製	本紙：縦26.6×横16.2／台紙：縦31.9×横40.1	上妻郡（福岡）
N-b-064-9	筑後国宗門手形	Religious Census Certificates	光泉寺	1795(寛政7)年	紙製	本紙：縦26.7×横26.7／台紙：縦32.1×横40.1	上妻郡（福岡）
N-b-065 ▶50	東インド会社遣日使節紀行	Atlas Japannensis	アルノルドゥス・モンタヌス	1669(寛文9)年	紙製, 書冊	縦31.5×横19.8	アムステルダム（オランダ）
N-b-066	幕末日本風俗習慣図譜	Sketches of Japanese manners and customs	J. M. W. シルバー	1867(慶応3)年	紙製, 書冊	縦29.7×横22.1	ロンドン（イギリス）

番号	名称	英名	著者・発行	年代	材質・形態	寸法(cm)	発行地
N-b-085	ゴーブル訳摩太福音書（複製）	Gospel of Matthew (Copy)	—	1871(明治4)年	紙製, 書冊	縦27.0×横17.0	—
N-b-086-1	引照新約聖書　前編	Reference New Testament	大英帝国聖書会社	1880(明治13)年	紙製, 書冊	縦24.0×横16.0	横浜（神奈川）
N-b-086-2	引照新約聖書　後編	Reference New Testament	大英帝国聖書会社	1880(明治13)年	紙製, 書冊	縦24.0×横16.0	横浜（神奈川）
N-b-090	旧新約聖書	Holy Bible	米国聖書会社	1904(明治37)年	紙製, 書冊	縦15.5×横11.0	横浜（神奈川）
N-b-091	改訳新約聖書	New Testament	大英国・北英国聖書会社	1919(大正8)年6月5日	紙製, 書冊	縦13×横9.5	神戸（兵庫）
N-b-093	新約聖書	New Testament	大英国・北英国聖書会社	1905(明治38)年	紙製, 書冊	縦10.0×横13.0	神戸（兵庫）
N-b-101	新約聖書　馬太伝	Gospel of Matthew	米国聖書会社	1877(明治10)年	紙製, 書冊	縦22.3×横14.7	横浜（神奈川）
N-b-104	新約聖書	New Testament	久保田みつ、ヘンリー・スミス, 米国聖書会社	1904(明治37)年	紙製, 書冊	縦18.5×横13.5	横浜（神奈川）
N-b-108	改訳　新約聖書	New Testament	大英国・北英国聖書会社	1919(大正8)年	紙製, 書冊	縦13.0×横10.0	神戸（兵庫）
C　地図・絵画							
N-c-001	萬国人物図絵	Picture of foreign People	—	江戸時代後期	紙製, 木版墨摺	縦31.7×横80.8	—
N-c-002	萬国一覧之図附人物風俗之節	Records of foreign customs and histories with the pictures	—	江戸時代後期	紙製, 木版墨摺	縦35.7×横48.4	—
N-c-003-1 ▶51	プチャーチン会談の図　第五	Picture of negotiation with Admiral Putyatin	尾形探香	江戸時代後期	絹本着色, 掛幅装	縦35.7×横39.6／全体：縦119.7×横52.8／軸：58.2	—
N-c-003-2 ▶52	プチャーチン会談の図　第六	Picture of negotiation with Admiral Putyatin	尾形探香	江戸時代後期	絹本着色, 掛幅装	縦32.6×横38.2／全体：縦119.5×横50.3／軸：56.5	—
N-c-004 ▶53	米利幹事略	Record written concerning events with America	—	江戸時代後期	紙本着色・墨書, 巻子装	本紙：幅25.3×長1338.2／全体：幅25.3×長1382.3／軸：26.8	—
N-c-005	肥前長崎図	Map of Nagasaki	梅香堂	江戸時代後期	紙製, 木版色摺	縦46.4×横67.7	長崎
N-c-006	肥州長崎図	Map of Nagasaki	大畠次衛門	1860(安政7)年	紙製, 木版墨摺	縦65.0×横87.0	長崎
N-c-007 ▶54	長崎唐人屋敷騒動鎮圧図	Picture of the Riot at the Chinese Settlement in Nagasaki	—	江戸時代後期	紙本着色, 巻子装	本紙：幅52.3×長205.4／全体：幅58.6×長269.2／軸：61.6	—
N-c-008 ▶55	阿蘭陀国使節長崎入船黒田鍋島陣営図	Picture of scene of the Dutch Ship entering Nagasaki Port	—	江戸時代後期	紙本着色	全体：縦134.0×横95.8	—
N-c-009	第三回内国勧業博覧会	Ukiyo-e of the Third National Industrial Exhibition scene	永島春暁	1890(明治23)年	紙製, 木版色摺	本紙：縦36.7×横23.6／全体：縦39.5×横82.0	東京
N-c-010	上野公園第三回内国勧業博覧会一覧之図	Ukiyo-e of the location of the Third National Industrial Exhibition	永島春暁	1890(明治23)年	紙製, 木版色摺	本紙：縦36.2×横24.6／全体：縦39.6×横81.8	東京
N-c-011 ▶56	肥前崎陽玉浦風景之図	Ukiyo-e of Nagasaki Port and City	歌川貞秀	1862(文久2)年	紙製, 木版色摺	縦34.6×横143.1	東京
N-c-012 ▶57	唐蘭船長崎入津図	Picture of Foreign Ships entering Nagasaki Port	歌川貞秀	江戸時代後期－明治時代初期	絹本着色, 掛幅装	本紙：縦39.4×横49.7／全体：縦126.4×横68.5／軸：68.5	—

資料番号	資料名	英語名	作者	時代	形状	法量	制作地
N-c-013 ▶58	蛮艦泊碕港之図	Picture of the foreign ship which anchors in the *Nagasaki* Port	—	江戸時代後期	紙製, 木版色摺	縦29.0×横40.5	長崎
N-c-014	本多家御館旧跡絵図	Picture of landscape of Honda family's house in *Bungo*	加島英国	1847(弘化4)年	紙本着色	縦55.7×横76.7	—
N-c-015 ▶59	阿蘭陀人狩猟図	Picture of two Dutch men hunting animals	—	江戸時代後期	紙本着色, 掛幅装	本紙:縦104.3×横28.5／全体:縦191.2×横38.2／軸:43.7	—
N-c-016 ▶60	お掛絵	Devotional Picture	—	—	紙本着色, 掛幅装	本紙:縦39.8×横23.4／全体:縦89.1×横34.3／軸:39.0	平戸(長崎)
N-c-017 ▶61	アジア図	Map of Asia	ホンディウス	17世紀初頭	紙製, 銅版・手彩色	縦52.2×横64.3	アムステルダム(オランダ)
N-c-018 ▶62	出島蘭館図巻	Picture of the Dutch Trading House in *Dejima*	—	江戸時代中期	紙本着色, 巻子装	本紙:幅35.2×長399.5／全体:幅35.2×長435.2／軸:36.8	—
N-c-019 ▶64	紅毛人遠見之図	Picture of the Dutch looking at Scenery	—	19世紀	紙製, 木版色摺	縦32.7×横22.0	長崎
N-c-020	長崎の港と市街図	Map of *Nagasaki*	—	18世紀後半	紙製, 銅版・手彩色	縦22.6×横37.2	デン・ハーグ(オランダ)
N-c-021 ▶65	南京国寧波湊明船之図	Picture of the Chinese ship from Ningbo	—	江戸時代後期	紙本着色, 掛幅装	本紙:縦25.8×横36.0／全体:縦120.5×横52.8／軸:58.1	—
N-c-022 ▶63	出島図	Map of *Dejima*	—	1720-30年代	紙製, 銅版, 額装	本紙:縦19.5×横24.0／全体:縦25.7×横31.8	アムステルダム(オランダ)
N-c-023	萬国絵図	World Map	鈴木孝効	江戸時代後期-明治時代	紙本着色	縦62.6×横82.8	—
N-c-024 ▶67	天草四郎肖像	*Ukiyo-e* of *Amakusa Shiro*	月岡芳年	1874(明治7)年	紙製, 木版色摺	縦34.3×横23.4	東京
N-c-025 ▶66	豊前中津ヨリ長崎迄海上図	Sea Route Map from *Nakatsu* to *Nagasaki*	—	江戸時代	紙本着色, 巻子装	本紙:幅26.8×長293.0／全体:幅31.7×長396.8／軸:34.7	—
N-c-027	改正日本輿地路程全図	Map of Japan	長久保赤水	1833(天保4)年	紙製, 木版墨摺, 手彩色	縦84.6×横139.0	—

III 関谷定夫コレクション(S)

資料番号	資料名	英語名	作者	時代	形状	法量	制作地
a 器物							
S-a-001	ホーシェン(胸当て)	Hoshen (Torah Shield)	—	—	銀製	縦13.5×横12.5	—
S-a-002 ▶68	ホーシェン(胸当て)	Hoshen (Torah Shield)	—	—	銀製	縦29.0×横21.5	—
S-a-003 ▶69	ケテル・トーラー(冠)	Keter Torah (Crown)	—	—	銀製	直径28.5×高35.0	—
S-a-004 ▶82	カポレット付パロケット(トーラー・カーテン)	Parochet with Caporet (Torah Curtain)	—	19世紀	布製	パロケット:縦180.0×横123.0／カポレット:縦31.0×横123.0	モロッコ
S-a-005	カポレット	Caporet	—	—	布製	縦37.5×横90.8	—
S-a-006 ▶72	トーラー・ケース	Torah Case	—	—	木製	直径27.0×高112.5	イラク
S-a-007	トーラー・マントル	Torah Mantle	—	—	布製	縦79.0×横43.3	—

S-a-008	トーラー・マントル	Torah Mantle	—	—	布製	縦77.0×横41.0	—
S-a-009	トーラー・マントル	Torah Mantle	—	—	布製	縦80.0×横103.5	—
S-a-010	エーツ・ハイーム(巻棒)	Etz Hayim (Rod of Torah scroll)	—	—	木製	直径15.0×高109.0	—
S-a-011	ヴィンペル (トーラー・バインダー)	Winpel (Torah Binder)	—	—	布製	幅18.5×長385.0	ドイツ
S-a-012	ヴィンペル (トーラー・バインダー)	Winpel (Torah Binder)	—	1931年	布製	幅20.0×長280.0	—
S-a-013 ▶71	ヤド	Yad (Torah Pointer)	—	—	銀製	幅1.0×長19.0	エルサレム (イスラエル)
S-a-014	ヤド	Yad (Torah Pointer)	—	—	木製	幅1.6×長17.5	—
S-a-015	ヤド	Yad (Torah Pointer)	—	—	銀製	幅3.0×長30.0	テルアビブ (イスラエル)
S-a-016	ヤド	Yad (Torah Pointer)	—	現代	銀製	幅3.8×長25.5	イエメン
S-a-017	ヤド	Yad (Torah Pointer)	—	—	銀製,貝	幅2.0×長20.5	バルカン地方
S-a-018 ▶73	メノラー	Menorah	—	—	真鍮製	高19.5×幅27.0×奥行8.3	コーチン (インド)
S-a-019	メノラー	Menorah	—	—	金属製	高27.5×幅21.4×奥行10.6	—
S-a-020 ▶74	メノラー	Menorah	—	—	金属製	高23.4×幅27.9×奥行9.3	インド
S-a-021 ▶75	メノラー	Menorah	—	—	金属製	高27.9×幅28.4×奥行11.5	—
S-a-022	メノラー	Menorah	—	—	金属製	高15.0×幅18.4	コバラムビーチ (インド)
S-a-023	メズーザー	Mezuzah Case	—	—	青銅製	縦14.4×横5.3	—
S-a-024 ▶98	メズーザー	Mezuzah Case	—	—	陶製	縦14.3×横4.5	—
S-a-025	メズーザー	Mezuzah Case	—	—	ガラス製	縦12.1×横4.1	—
S-a-026	メズーザー	Mezuzah Case	—	—	木製	縦11.8×横1.8	—
S-a-027	メズーザー	Mezuzah Case	—	—	骨製	縦12.2×横3.2	テルアビブ (イスラエル)
S-a-028	メズーザー	Mezuzah Case	メアシアリーム・ベザレル	—	木製	縦12.2×横2.3	—
S-a-029	メズーザー	Mezuzah Case	—	—	ガラス製	縦18.0×横3.5	—
S-a-030	メズーザー	Mezuzah Case	—	—	陶製	縦10.4×横3.8	イスラエル
S-a-031	メズーザー	Mezuzah Case	—	—	金属製	縦9.0×横2.0	—
S-a-032	メズーザー	Mezuzah Case	—	—	陶製	縦8.5×横4.5	エルサレム (イスラエル)
S-a-033	メズーザー	Mezuzah Case	—	—	真鍮製	縦9.0×横7.0	—
S-a-034 ▶97	メズーザー	Mezuzah Case	—	—	銅製	縦21.0(飾3.0)×横9.0(扉開時10.5)	スペイン
S-a-035	メズーザー	Mezuzah Case	ババ・ベン・イエヘズチェル	—	青銅製	縦7.9×横3.9	エルサレム (イスラエル)
S-a-036	メズーザー	Mezuzah Case	—	—	金属製	縦9.6×横2.5	—
S-a-037	メズーザー	Mezuzah Case	—	—	銀製	縦11.3×横3.4	—
S-a-038	メズーザー	Mezuzah Case	—	—	金属製	縦11.0×横3.2	—
S-a-039	メズーザー	Mezuzah Case	—	—	木製・金属製	縦10.7×横4.6	—
S-a-040	メズーザー	Mezuzah Case	—	—	木製	縦8.3×横1.5	エルサレム (イスラエル)

S-a-041	額用テフィリン	Head Tefillin	—	—	聖句箱：プラスチック製／ベルト：革製	縦8.0×横5.8／長110.0	—
S-a-042	腕用テフィリン	Arm Tefillin	—	—	聖句箱：プラスチック製／ベルト：革製	縦8.0×横5.8	—
S-a-043	額用テフィリン	Head Tefillin	—	—	聖句箱：プラスチック製／ベルト：革製	縦3.0×横3.0	—
S-a-044	腕用テフィリン	Arm Tefillin	—	—	聖句箱：プラスチック製／ベルト：革製	縦3.0×横3.0	—
S-a-045	テフィリン用羊皮紙	Parchment of Tefillin	—	—	羊皮紙	a：縦3.0×横53.0／b：縦3.0×横36.1／c：縦3.0×横46.1／d：縦3.0×横21.9	—
S-a-046	テフィリン・ベルト	Tefillin Strap	—	—	革製	長325.0	—
S-a-047	テフィリン・ベルト	Tefillin Strap	—	—	革製	長190.0	—
S-a-048	テフィリン・バッグ	Tefillin Bag	—	—	布製	縦22.1×横16.8	—
S-a-049	テフィリン・バッグ	Tefillin Bag	—	—	布製	縦25.8×横24.4	—
S-a-050	テフィリン・バッグ	Tefillin Bag	—	—	布製	縦23.0×横18.2	—
S-a-051	テフィリン・バッグ	Tefillin Bag	—	—	布製	縦15.2×横18.2	—
S-a-052	テフィリン・バッグ	Tefillin Bag	—	—	布製	縦24.6×横24.0	—
S-a-053 ▶76	シャバット・ランプ	Shabbath Lamp	—	19世紀	青銅製	高20.0×幅27.5×奥行5.0	ツファット（イスラエル）
S-a-054	シャバット・ランプ	Shabbath Lamp	—	—	金属製	高21.4×幅8.0×奥行5.5	エルサレム（イスラエル）
S-a-055	シャバット・ランプ	Shabbath Lamp	—	—	金属製	高21.4×幅8.0×奥行5.5	エルサレム（イスラエル）
S-a-056	シャバット・ランプ	Shabbath Lamp	—	—	金属製	直径9.4×高21.4	エルサレム（イスラエル）
S-a-057	シャバット・ランプ	Shabbath Lamp	—	—	金属製	直径9.4×高21.4	エルサレム（イスラエル）
S-a-058	シャバット・ランプ	Shabbath Lamp	—	—	金属製	高7.9×幅10.9×奥行7.9	—
S-a-059 ▶101	結婚指輪	Wedding Ring	—	—	銀製	高7.0×幅4.0×奥行2.0	—
S-a-060	指輪	Ring	—	—	銀製	高1.8×幅2.3	—
S-a-061	割礼皿	Circumcision Plate	—	—	銅製	縦28.0×横40.4	イスラエル
S-a-062	エリヤの椅子	Chair of Elijah	キルヤト・ガド工房	現代	木製	高155.0×幅58.5×奥行66.8	—
S-a-063 ▶93	割礼式用キドゥシュ・カップ	Child's Kiddush Cup	—	—	銀製	直径4.0×高4.5	—
S-a-064 ▶94	割礼式用ナイフ	Circumcision Knife	—	—	銀製	長15.2	モロッコ
S-a-065 ▶95	割礼式用包皮つまみ	Circumcision Tongue	—	—	銀製	長7.2	モロッコ
S-a-066 ▶96	割礼式用血受け皿	Blood saucer of circumcision	—	—	銀製	直径10.5	モロッコ
S-a-067	ショファール（角笛）	Shofar (Ram's Horn)	—	—	動物製	幅7.0×長74.0	—
S-a-068	ショファール（角笛）	Shofar (Ram's Horn)	—	—	動物製	幅5.1×長28.0	—
S-a-069	ショファール（角笛）	Shofar (Ram's Horn)	—	—	動物製	幅4.3×長28.9	—

S-a-070	ショファール（角笛）	Shofar (Ram's Horn)	—	—	動物製	幅5.0×長30.5	—
S-a-071	ショファール（角笛）	Shofar (Ram's Horn)	—	—	動物製	幅3.8×長30.5	—
S-a-072	種なしパン入れ	Matzo Cover	—	—	布製	直径38.0	—
S-a-073	ハヌキヤ	Hanukkah Lamp	—	—	金属製	高16.1×幅19.2×奥行4.1	ポーランド
S-a-074	ハヌキヤ	Hanukkah Lamp	—	—	鉄製	高18.5×幅30.7×奥行4.7	コーチン（インド）
S-a-075 ▶77	ハヌキヤ	Hanukkah Lamp	—	19世紀	青銅製	高9.5×幅12.0×奥行4.5	エルサレム（イスラエル）
S-a-076	ハヌキヤ	Hanukkah Lamp	—	—	金属製	高15.9×幅20.0×奥行4.8	—
S-a-077	ハヌキヤ	Hanukkah Lamp	—	—	青銅製	高13.5×幅16.0×奥行4.5	—
S-a-078 ▶78	ハヌキヤ	Hanukkah Lamp	—	—	金属製	高19.0×幅32.5×奥行7.5	ポーランド
S-a-079	ハヌキヤ	Hanukkah Lamp	—	—	金属製・ガラス製	高8.3×幅31.0×奥行7.7	—
S-a-080	ハヌキヤ	Hanukkah Lamp	—	—	真鍮製	高47.7×幅52.0×奥行28.5	—
S-a-081	ハヌキヤ	Hanukkah Lamp	—	19世紀	青銅製	高11.5×幅10.0×奥行3.5	—
S-a-082	ハヌキヤ	Hanukkah Lamp	—	18世紀	青銅製	高25.0×幅25.0×奥行14.6	ポーランド
S-a-083 ▶79	ハヌキヤ	Hanukkah Lamp	—	—	真鍮製	高17.0×幅19.0×奥行5.6	—
S-a-084	ハヌキヤ	Hanukkah Lamp	—	—	金属製	高6.2×幅9.0×奥行5.8	—
S-a-085	ハヌキヤ	Hanukkah Lamp	—	—	金属製	高14.1×幅26.0×奥行6.9	—
S-a-086	ハヌキヤ	Hanukkah Lamp	—	—	金属製	高15.8×幅20.8×奥行5.5	—
S-a-087 ▶80	大型ハヌキヤ	Large Hanukkah Lamp	—	—	銀製	高153.0×幅100.0	ダマスカス（シリア）
S-a-088	ハヌカ・コマ	Hanukkah Spinning Top	—	—	銀製	直径3.8×高3.2	—
S-a-089 ▶89	ハヌカ・コマ	Hanukkah Spinning Top	—	—	銀製	高9.5×幅6.5×奥行6.5	—
S-a-090	ハヌカ・コマ	Hanukkah Spinning Top	—	—	陶製	高9.8×幅3.9×奥行3.9	—
S-a-091	エトログ・ボックス	Etrog Container	—	—	鉄製	高8.5×幅5.5	—
S-a-092	エトログ・ボックス	Etrog Container	G・コヘン	1987年	陶製	高9.0×幅14.0×奥行8.5	アメリカ
S-a-093 ▶81	エトログ・ボックス	Etrog Container	—	—	木製（椰子の実）・銀製	直径10.0×高23.0	—
S-a-094	エトログ・ボックス	Etrog Container	—	—	木製	高6.0×幅17.4×奥行11.6	—
S-a-095	エトログ・ボックス	Etrog Container	ベツァレル美術学校	19世紀	木製	高8.5×幅17.0×奥行11.0	—
S-a-098 ▶92	割礼式用キドゥシュ・カップ	Child's Kiddush Cup	—	—	銀製	直径5.3×高9.8	—
S-a-099 ▶90	成人式用キドゥシュ・カップ	Kiddush Cup of Bar Mitzvah	—	—	銀製	直径5.0×高9.0	—
S-a-100	キドゥシュ・カップ	Kiddush Cup	—	現代	銀製	直径6.0×高13.7	—
S-a-101	キドゥシュ・カップ	Kiddush Cup	—	—	銀製	直径6.9×高7.9	マドリード（スペイン）

S-a-102 ▶91	キドゥシュ・カップ	Kiddush Cup	—	—	陶製	直径7.3×高7.5	—
S-a-103 ▶85	ツェダカ・ボックス	Tzedakah Box	ベツァレル美術学校	—	銀製	高17.0×幅10.0	—
S-a-104 ▶86	ツェダカ・ボックス	Tzedakah Box	—	—	陶製	高17.0×幅11.5	—
S-a-105 ▶87	ツェダカ・ボックス	Tzedakah Box	—	—	銀製	高6.0×幅9.5×奥行5.0	—
S-a-106 ▶99	スパイス・タワー	Spice Tower	—	—	銀製	高17.5×幅5.2	フィラデルフィア(アメリカ)
S-a-107 ▶100	スパイス・タワー	Spice Tower	—	—	銀製	高19.0×幅5.8	テルアビブ(イスラエル)
S-a-108	スパイス・タワー	Spice Tower	ベツァレル美術学校	—	木製	直径4.8×高19.0	—
S-a-109	スパイス・タワー	Spice Tower	—	—	金属製	直径6.3×高18.4	—
S-a-110	ネール・タミード	Ner Tamid	—	19世紀	キャンドルグラス:ガラス製／吊り具:金属製	直径4.5×高6.6（計7個）／幅16.0×長26.2	ジェルバ島(チュニジア)
S-a-111 ▶83	ネール・タミード	Ner Tamid	—	19世紀	鳥型ランプ:鉄製／付属吊り具:鉄製／調整可能吊り具:鉄製	高11.5×幅18.5／長28.5／全長48.5	—
S-a-112	安息日用吊りランプ	Hanging Shabbath Lamp	—	—	ランプ:鉄製／吊り具:鉄製	直径11.4×高15.7／長46.7	—
S-a-113 ▶84	安息日用吊りランプ	Hanging Shabbath Lamp	—	19世紀	青銅製	高44.5×幅26.0	ドイツ
S-a-114	グラッガー（ノイズ・メーカー）	Grager (Noise maker)	—	19世紀	木製	縦21.0×横31.0	ポーランド
S-a-115	グラッガー（ノイズメーカー）	Grager (Noise maker)	—	20世紀	木製	縦15.5×横22.0	エルサレム(イスラエル)
S-a-116	シャバット・クロス	Shabbath Cloth	—	—	布製	縦45.0×横53.0	—
S-a-118 ▶88	セデルⅢ	Seder Plate	—	19世紀	銀製	直径33.0	イラン
S-a-138	メノラー	Menorah	—	—	銅製	高8.2×幅9.5	エルサレム(イスラエル)
S-a-139	ランプ	Lamp	—	—	金属製	高27.2×幅30.0×奥行12.2	—
S-a-140	ランプ	Lamp	—	—	金属製	高4.3×幅6.8×奥行8.5	コーチン(インド)
S-a-141	ハヌキヤ・ランプ	Hanukkah Lamp	—	—	銅製	高21.8×幅17.3×奥行4.3	—
S-a-142 ▶70	ヤド	Yad (Torah Pointer)	—	—	金属製	幅3.2×長20.5	—
S-a-143	ヤド	Yad (Torah Pointer)	—	—	象牙製	幅2.5×長35.0	—
S-a-144	ヤド	Yad (Torah Pointer)	—	—	銀製	幅3.7×長15.8	—
b　文字・絵画							
S-b-001 ▶104	トーラー	Torah	—	19世紀	巻物:羊皮紙／巻棒:木製	幅42.8×長3056.0／長55.4	—
S-b-002 ▶102	トーラーとトーラー・マントル	Torah and Torah Mantle	—	19世紀	巻物:羊皮紙／巻棒:木製／マントル:布製	幅41.0×長2339.5／長71.0／縦45.2×横25.3	—

番号	名称	English		年代	材質	寸法 (cm)	産地
S-b-003 ▶103	トーラーとトーラー・ケース	Torah and Torah Case	—	—	巻物：羊皮紙／ケース：木製	幅32.0／直径20.5×高63.5	—
S-b-004	トーラーとトーラー・マントル	Torah and Torah Mantle	—	19世紀	巻物：羊皮紙／巻棒：木製／マントル：布製	幅75.0×長4214.0／長102.0／縦72.5×横30.7	モロッコ
S-b-005	エレミヤ書	Book of Jeremiah	—	—	紙製, 巻物	幅41.3	ヨーロッパ
S-b-006 ▶105	メギラー	Megillah	—	19世紀	巻物：羊皮紙／巻棒：金属製	幅17.8×長260.0／長36.5	イスタンブール（トルコ）
S-b-007	エステル記	Book of Esther	—	18–19世紀	羊皮紙, 巻物	幅28.2×長336.0	イエメン
S-b-008	メギラー	Megillah	—	—	巻物：羊皮紙／巻棒：木製	幅14.7／長33.5	—
S-b-009	メギラー	Megillah	—	18世紀	巻物：羊皮紙／巻棒：木製	幅18.8×長303.0／長36.5	モロッコ
S-b-010 ▶108	ケトゥバー（複製）	Ketubbah (Copy)	—	—	紙製, 額装	本紙：縦57.0×横41.5／全体：縦69.8×横54.8	—
S-b-011 ▶107	ケトゥバー（複製）	Ketubbah (Copy)	—	—	紙製, 額装	本紙：縦76.5×横49.0／全体：縦90.4×横60.3	—
S-b-012 ▶106	ケトゥバー（複製）	Ketubbah (Copy)	—	—	紙製, 額装	本紙：縦58.5×横39.0／全体：縦76.2×横57.9	—
S-b-013	ケトゥバー（複製）	Ketubbah (Copy)	—	—	紙製, 額装	本紙：縦55.8×横43.1／全体：縦76.2×横57.2	—
S-b-014	ケトゥバー（複製）	Ketubbah (Copy)	—	—	紙製, 額装	本紙：縦45.1×横29.0／全体：縦54.8×横42.7	—
S-b-015	メギラー	Megillah	—	—	巻物：羊皮紙／巻棒：銀製	幅22.2／長40.2	—
S-b-016	イザヤ書	Book of Isaiah	—	—	羊皮紙, 巻物	幅40.3	—
S-b-017	トーラー	Torah	—	—	羊皮紙, 巻物	幅21.1×長2272.1	—
S-b-018	エステル記	Book of Esther	—	—	羊皮紙, 巻物	幅42.7	—
S-b-019	ロスチャイルド詞集（複製）	Rothschild Miscellany (Copy)	フェッラーラ（イタリア）地方の印刷工房	1470年頃	紙製	縦24.2×横18.5×高12.3	イスラエル博物館蔵
S-b-020	メギラー	Megillah	—	—	巻物：羊皮紙／巻棒：木製	幅13.0／長40.5	—
C 考古遺物							
S-c-001 ▶109	平皿型ランプ	Flat plate type Oil Lamp	—	初期青銅器時代（紀元前3100–紀元前1850年）	土製	直径14.0×高5.0	—
S-c-002 ▶110	深底平皿型ランプ	Deep flat plate type Oil Lamp	—	中期青銅器時代（紀元前1850–紀元前1550年）	土製	直径12.2×高6.0	—
S-c-003	平皿型ランプ	Flat plate type Oil Lamp	—	後期青銅器時代（紀元前1550–紀元前1200年）	土製	縦8.1×横7.5×高3.3	—

S-c-004	平皿型ランプ	Flat plate type Oil Lamp	—	後期青銅器時代（紀元前1550－紀元前1200年）	土製	縦12.1×横11.8×高3.5	—
S-c-005 ▶111	浅底平皿型ランプ	Shallow flat plate type Oil Lamp	—	鉄器時代Ⅰ（紀元前1200－紀元前930年）	土製	縦13.5×横13.0×高4.5	—
S-c-006	台付平皿型ランプ	Flat plate type Oil Lamp with a stand	—	鉄器時代Ⅱ（紀元前930－紀元前586年）	土製	縦11.2×横11.0×高5.5	—
S-c-007	浅底平皿型ランプ	Shallow flat plate type Oil Lamp	—	鉄器時代Ⅰ（紀元前1200－紀元前930年）	土製	縦13.0×横12.5×高3.3	—
S-c-008	浅底平皿型ランプ	Shallow flat plate type Oil Lamp	—	鉄器時代Ⅰ（紀元前1200－紀元前930年）	土製	縦12.3×横11.9×高3.8	—
S-c-009	台付ランプ	Oil Lamp with a stand	—	ヘレニズム時代（紀元前330－紀元前63年）	土製	縦7.3×横4.2×高2.3	—
S-c-013	ノズル付小型ランプ	Small Oil Lamp with a nozzle	—	ローマ時代（紀元前63－紀元後330年）	土製	縦8.2×横5.7×高2.5	—
S-c-014 ▶113	装飾付ランプ	Oil Lamp with ornaments	—	ローマ時代（紀元前63－紀元後330年）	土製	縦9.5×横6.2×高3.5	—
S-c-016 ▶114	ハスモン・ランプ	Oil Lamp of Hasmonean	—	ヘレニズム時代（紀元前330－紀元前63年）	土製	縦7.7×横4.0×高4.0	—
S-c-017	装飾付ユダヤ・ランプ	Jewish Oil Lamp with ornaments	—	ローマ時代（紀元前63－紀元後330年）	土製	縦13.7×横9.0×高4.0	—
S-c-032 ▶117	魚尾型把手付平型ユダヤ・ランプ	Jewish Oil Lamp with fish type handle	—	ビザンティン時代（330－640年）	土製	縦16.1×横13.5×高3.7	—
S-c-051 ▶115	メノラー装飾付ユダヤ・ランプ	Jewish Oil Lamp with menorah ornament	—	ビザンティン時代（330－640年）	土製	縦9.0×横6.0×高3.5	—
S-c-057	香水容器	Perfume Bottle	—	後期青銅器時代紀元前1550－紀元前1200もしくは鉄器時代	土製	直径5.6×高7.8	エルサレム（イスラエル）
S-c-060	把手付壺	Vase with handle	—	鉄器時代Ⅲ（紀元前586－紀元前330年）	土製	直径10.8×高11.2	—
S-c-061	把手付瓶	Bottle with handle	—	ヘレニズム時代（紀元前330－紀元前63年）	土製	直径15.9×高27.8	—
S-c-062	把手付壺	Vase with handle	—	ヘレニズムもしくはローマ時代（紀元前330－紀元後330年）	土製	直径15.4×高17.9	—
S-c-066 ▶112	装飾付ランプ	Oil Lamp with ornaments	—	ビザンティン時代（330－640年）	土製	縦8.2×横6.3×高3.7	—
S-c-068	石笵	Stone Template	—	ビザンティン時代（330－640年）	石製	縦20.3×横12.9×高5.6	—
S-c-069	装飾付ランプ	Oil Lamp with ornaments	—	ビザンティン時代（330－640年）	土製	縦5.4×横4.7×高3.0	—

■編者

内島美奈子（西南学院大学博物館　学芸員）
野藤　妙（西南学院大学博物館　学芸研究員）
山尾彩香（西南学院大学博物館　学芸研究員）

■編集協力

池永照美（西南学院大学博物館　学芸調査員・西南学院大学大学院文学研究科研究生）
阿部大地（西南学院大学博物館　学芸調査員・西南学院大学大学院国際文化研究科博士前期課程）
秋田雄也（西南学院大学博物館　学芸調査員・西南学院大学大学院国際文化研究科博士前期課程）
唐島慎一（西南学院大学博物館　学芸調査員・西南学院大学国際文化学部生）

西南学院大学博物館研究叢書
西南学院大学博物館主要所蔵資料目録

2017年3月15日　第1刷発行

編　者　内島美奈子・野藤　妙・山尾彩香
監　修　宮崎克則
発　行　西南学院大学博物館
　　　　〒814-8511　福岡市早良区西新3-13-1
　　　　電話 092（823）4785　FAX 092（823）4786
制作・発売　合同会社 花乱社
　　　　〒810-0073　福岡市中央区舞鶴1-6-13-405
　　　　電話 092（781）7550　FAX 092（781）7555
印刷・製本　大村印刷株式会社
ISBN978-4-905327-70-7